瀛观
VIEWS

王瑞来

著

日知余录

海客谈瀛洲

上海人民出版社

目　次

自　序

"剪不断，理还乱"，欲说还休。这或许是很多人提起日本的复杂感觉。对于中国人来说，日本这个国度，既近又远。地理近，一衣带水；文字近，同为汉字文化圈。远者，中国人对这个东方近邻缺乏了解，又有着很多误解，在心理上的绝对距离很遥远。从感情上说，由于远远近近的历史纠葛，中国人对这个国度又是爱恨交织。委奴国王、亲魏倭王、倭之五王、遣隋使、遣唐使、宋元僧侣、明清商船，从儒学典籍到佛教经卷，从政治制度到民间习俗，大量"中国文化"被带到了这个岛国。这些因素的存在，让中国人觉得这个国度并不陌生。正所谓"山川异域，风月同天"。元明以来的倭寇，近现代的侵略，又埋下了深深的仇恨。其实，无论是爱还是恨，都会阻碍中国人对这个国家、这个民族的理解。

根据我的观察，日本文化中有着浓重的中国底色。这一因素会让中国人感到亲切并容易接近。不过，中国底色已水乳交融般融入了日本文化之中，成为日本文化的一部分。从根本上说，尽管同用汉字，但绝非同文同种。日本民族来源复杂，有来自大陆的移民，也有来自其他各方的。日语也属于跟汉语完全不同的语系。语言不同的背后，是思维方式的不同，从根底上说是文化的不同。学习了中国上千年的日本，在近代迅速走上了"脱亚入欧"的道路，20世纪初的日本人自认为是亚洲的"优等生"。中日在原本文化差异之上，又加进了时代因素和国际因素。其中，农耕文明与近代都市文明之别则成为中日文化在近代以后显现于各个领域的明显差异。

总之，对于中国人来说，日本文化是看似熟悉的一种异文化。无论爱恨情仇，都不应成为拒绝了解的理由和障碍。从取长补短的"拿来主义"来讲，日本文化中的优秀成分也值得学习，近代化进程中的得失更值得借鉴。

十多年前，早稻田大学曾请我去作了一次演讲。我就讲，我既不是亲日派，也不是反日派，我是知日派。迄今为止，我在日本已经寓居了三十年，可以说是有资格称为知日派的。

本书收录短文五十余篇，涉及日本的自然风光、日常生活、文化习俗、中日交流的历史、中日关系、作者的学术交往等，内容涵盖广泛，是作者寓居日本三十年之所见所闻所思。书名《日知余录》，取自清代思想家顾炎武名著《日知录》。日者，每日也，然本书又寓有日本之意；余者，既有文言第一人称之意，以示纯为作者个人之感知，简体字的余又多了剩余、余下之意。古人有诗余之说，本书之文，亦非正式论文，属作者自由抒怀，令读者轻松阅读，可谓文之余，因以余名。

这些时间跨度长达三十年的文字，大多见于笔者的新浪博客，有一部分曾在报刊或网络媒体上刊载过。时移世变，三十年间的世界发生了很大变化。为了读者了解文章的写作背景，在各篇之末，记下了写作日期。透过这些时间记号，盖可推想彼时之情境。

顾炎武在与友人谈及《日知录》时有云："尝谓今人纂辑之书，正如今人之铸钱。古人采铜于山，今人则买旧钱名之曰废铜以充铸而已。所铸之钱既以粗恶，而又将古人传世之宝春挫碎散，不存于后，岂不两失之乎？承问《日知录》又成几卷，盖期之以废铜。而某自别来一载，早夜诵读，反复寻究，仅得十余条，然庶几采山之铜也。"乘桴东渡三十年，五十余篇不为多，亦庶几采山之铜，并且此铜尚为他山之铜。石可攻玉，铜可为鉴。期待我所开采的他山之铜，可以成为读者了解东瀛邻居的一面铜鉴。

移住日本三十年，除了梦里不知身是客，梦醒之后则常有挥之不去的客居之感，因可自称为这一岛国的海客。太白诗云："海客谈瀛洲，烟涛微茫信难求。"瑞来身为海客在东瀛，适可一谈。此为本书副题之意。身在东瀛，近距离的观察，或许比之远远眺望，不那么"烟涛微茫信难求"，不过，只缘身在此岛中，或囿于闻见，或因惯见而漠然，犹如盲人摸象，失之片面者当多有之。片石微鉴，疑义与析，则为笔者之本衷。

"欲将心事付瑶琴"，幸有知音，钰翰玉成，把这本小书呈现给读者。无论当年惘然否，总可一弦一柱思华年。

王瑞来

庚子夏日记于日本千叶寓所

风月同天，共结来缘

"山川异域，风月同天"，新冠疫情肆虐之下，这两句话从典籍和记忆的尘封中被重新发掘出来，用以表达中日两处的人们互相支援的心情。如果以因果关系审视，这两句话都是复句中表达"因"的部分。是说正因为如此，我们才互相支援。

这两句话，在修辞上也极臻完美。我们看，处于不同地域的山川，覆盖于同一片天空之下，共享着天上的月、空中的风。有天有地，有山有水，有月色，还有吹拂的风。这一画面，立体三维，有动有静。

写出这两句话的人，是7世纪后期的日本天皇的子孙。如此完美的修辞，反映出当时日本接受汉字文化的程度已经相当深。此时的日本，已经有了充满儒学思想的"十七条宪法"，已经有了"日本"这一国号。

原本，"山川异域，风月同天"这一因果复句的下文是"寄诸佛子，共结来缘"。汉字文化传入日本，佛教是重要的媒介。这四句话、十六个字，也是述说佛教的因缘。正是这样一个完美的表述，吸引了大唐和尚鉴真不畏艰险、百折不挠地东渡。这四句偈语也是出自鉴真的转述。《唐大和上东征传》载：

时大和上在扬州大明寺，为众讲律。荣睿、普照至大明寺，顶礼大和上足下，具述本意曰："佛法东流，至日本国。虽有其法，而无传法人。日本国昔有圣德太子，曰二百年后，圣教兴于日本。今钟此运，愿大和上东游兴化。"大和上答曰："昔闻南岳思禅师迁化之后，托生倭国王子，兴隆佛法，济度众生。又闻，日本国长屋王崇敬佛法，造千袈裟，来施此国大德、众僧。其袈裟缘上绣着四句曰：'山川异域，风月同天。寄诸佛子，共结来缘。'以此思量，诚是佛法兴隆，有缘之国也。今我同法众中，谁有应此远请，向日本国传法者乎？"时众默然一无对者。良久，有僧祥彦进曰："彼国太远，性命难存，沧海森漫，百无一至。人身难得，中国难生。进修未备，道果未克。是故众僧咸默无对而已。"大和上曰："为是法事也，何惜身命？诸人不去，我即去耳。"

这一场景和对话，出现在大唐盛世的天宝元年（742）。鉴真能够转述这四句偈语，可见偈语已经伴随着千件袈裟，广泛传播——或许鉴真也曾得到了绣有偈语的袈裟。从鉴真的讲述看，无论是传说还是历史，都已经对日本有相当了解。鉴真东渡传法，其愿盖久。最后慨然应诺日本僧人的请求而东渡，毫无疑问，这四句动人的偈语，也是促因之一。

鉴真提及的向唐朝高僧布施袈裟的长屋王，是天武天皇之孙，高市皇子之庶长子，在 8 世纪最初的三十年执政坛牛耳，729 年死于与藤原氏的政争。1980年代在奈良兴建伊藤洋华堂时发现长屋王宅邸遗址，出土三万多枚木简，是轰动一时的发现。

当然，这段轶事或许是出自成书于日本宝龟十年（779）的《唐大和上东征传》编纂者淡海三船的润色甚至是杜撰。不过，长年研究历史，让我更为重视逻辑真实，注重看似虚妄记载的背后所蕴含的思想史意义。鉴真转述之事的有无并不重要，"山川异域，风月同天。寄诸佛子，共结来缘"所表达的认识，无疑具有逻辑真实，带有那个时代的历史印记。今天审视从尘封中唤醒的这四句话，除了给人带来一种文化的感动，更具有超越时空的共鸣。

都说宗教没有国界，其实文化也如水如风，处于流动状态。一方水土养一方人，造就了不同的地域与民族文化。这是不动的地理，异域的山川。不过尽管山川异域，行走的人，传播的书，便如流淌的水，吹拂的风，让文化有了交流。

"山川异域，风月同天"，肆虐的疫情之下重新鲜活的话语，其实不仅表达了一衣带水的中日两国人们的历史情谊，还拥有更为深远广泛的意义。这意义已经超越了中日。不仅仅中日两国，在这个地球上的所有人都是"山川异域，风月同天"，都有着共同的命运，需要共同应对面临的危机。超越"寄诸佛子，共结来缘"的宗教情怀，科技和经济连接愈发紧密的世界，更需要"寄诸众生，共结来缘"。这来缘，就是我们人类共同的未来。

（2020 年 7 月 13 日）

尽管风月同天，毕竟山川异域

——从语言表达略窥中日文化差异

环视历史上形成的汉字文化圈，近代以降，许多地域都渐次远离了汉字，日本则是唯一坚持使用的国家。

跟传统的繁体字相比，汉字的写法，在战后中国和日本都分别有了一些变化。中国使用了简化字，日本则推出了当用汉字。但由于简化的原则基本上是根据流行的俗字或草书楷化，所以居然多数简化汉字的差别还是不太大。

由于汉字的存在，便在拉丁字母的世界之外，中日之间多了一份共同的归属感。不过，这种共同的归属感也让很多人产生了一种误解，认为中日拥有共同的文化，中日文化的关系是源与流的关系。

的确，俯瞰历史，从"汉委奴国王"到遣隋使、遣唐使，日本不仅接受了汉字，还引进了政治、法律制度，形成了历史上的律令国家。伴随着汉字载体，儒学、佛教、道教乃至民俗都全面影响了一衣带水的日本。从这一事实出发，我定义为日本文化的底色是中国文化。换言之，日本文化具有中国文化的基因。

不过，尽管拥有共同的基因，也不可能完全相同，基因也会产生变异。中国文化进入日本，在漫长的岁月里，被日本的山川风土和民俗政情所改造。从汉字到儒释道，都融入了这片土地，成为日本文化中不可分割的一部分。而近代以来的脱亚入欧风潮，让很多日本人从羡慕和魂汉才转为崇仰和魂洋才。西风劲吹，两国渐行渐远，加之历史上的渐变，中日在文化上的差异也表现得很明显。

语言的背后，文化隐然而在。从一些基本表述就可以清楚地观察到中日文化差异。以代词为例略加申说。

汉语中的人称代词"我们""你们""他们"，在日语中都有完全同义的对应词，唯独"咱们"，在日语中就找不到贴切的相应词。由于没有对应词，日本的汉语教师在向学生解说这个词的时候，颇费周折。有的解释为包含了会话对象的我们，有的解释为我们加上你们。这些解释当然都没有错，但日本的学生听了依然会如坠五里雾中，感到困惑不解：我们就是我们，怎么会包含你们？

可见，不理解并不是语言的解释不清楚，而是因为背后存在的文化差异。日本文化中没有的因素，从语言自身的角度，无论怎么解释也难以理解。这时候，语言的解释就一定要纳入文化的射程。

就"咱们"一词来说，很典型地体现了中国文化。农耕文明是中国文化的显著特征。在这样的文化背景下，人与人的关系一定要显得很亲密，甚至用亲密无间来形容也不过分。因此，如果说"我们"，必然排除了"你们"；同样，讲"你们"也就排除了"我们"。而"咱们"则把两方都巧妙地包容了进来。同村的人都是一伙的，一个也不能少，说"我们""你们"就显得生分见外了。这就是"咱们"一词产生和存在的土壤。

那么，日语为何没有"咱们"这样的表述呢？也要追寻文化因素。我理解的日本文化，是具有接受西方因素的近代城市文明特征的文化。这样背景之下的文化强调个性，注重个人隐私，界限分明，我就是我，你就是你，不会是含混不清的一团。这就是日语中为什么没有"咱们"一词的原因。归根结底是文化使然。

不仅是"咱们"一个词，比较中日语言表达，还会发现不少类似的现象，都需要从文化比较入手，才能加以合理的解释。比如指示代词的使用，也表现出文化差异。

日语中相当于"这"的"これ"和相当于"那"的"それ"，在实际使用时，就与汉语的表达有很大不同。例如用日语说这样一组对话："これはなんですか？——それは本です。"在日本人看来，是完全没有错误的表达，但原封不动地直译为汉语，则是下面这个样子："这是什么？——那是书。"中国人谁都不会这样说。如果这样说，则是答非所问，所指不同。用汉语必须说："这是什么？——这是书。"问答指代才没有问题。

那么，日语为什么要那么说呢？也必须探究语言表达背后的文化。前面用日语中没有"咱们"这样人称代词的例子来分析日本文化强调个性的彼此分明，指示代词的使用也同样。"これ""それ"分别代表了会话者的不同立场，不容混淆。说"これはなんですか"，显示的是会话人甲的立场，说"それは本です"则是表示了会话人乙从其所处位置的回答。日本的这种表达，从表面上看是强调彼此的立场不同，其实更是反映了近代城市文明的背景之下人与人相处的原则。用距离来表示对对方立场的尊重，是一种礼貌的表达。

透过中日语言表达所折射的文化异同，我曾借鉴物理学电场的理论，在二十年前用日语撰写发表了《语言场论》的论文。以会话场为例，指出汉语以"同"来表示彼此的亲密，而日语则以"异"来表示对他人的尊重。

为了显示"同"，不仅产生了"咱们"这样的人称代词，还在会话中刻意择取相同的动词或名词，以用语的一致性来表示相同的立场。不仅汉语问答对话须用"这—这"或"那—那"相同的指示代词，从其他语言表达中，也可以看出这种文化特征。

比如在初次见面时的姓名问答，如果问"您贵姓"，逻辑严谨的回答应当先是"我姓什么"，而直接就回答"我叫什么名字"，则显得答非所问；如果问"你叫什么名字"，则可以直接回答"我叫什么什么名字"，而如果回答"我姓什么"，则会让对方有异样感。这就表明，答问必须是"姓—姓"、"叫—叫"，一定要保持用语的一致性。

通过语言表达考察文化差异，如果用图形来表示语言场的话，汉语的表达是一个同心圆，以用语的一致性来维护会话场的和谐。反观日语，其会话场则是相互交差的两个圆，交差重合的部分才是共同的话题，圆心则各自不同。

从以上列举的一些语言表达的小例子可以看出，尽管日本一直使用着汉字，许多民俗也是移植自中国，文化拥有浓重的中国底色，但毕竟山川异域，风月同天也会有变异。文化比较从细微处观察，可能要比空泛的宏篇巨论更扎实。

对于中日文化，强调同的一面，固然会有一种自豪感。不过一味强调同也会有弊端。抛开当年日本一些人为侵略中国制造理由鼓吹日中亲善"同文同种"的恶用之外，过分着眼于同，也会在不同程度遮蔽对异的观察。在肯定同的基础上，对中日文化的异拥有清醒的认知，则会在走向未来的道路上，更为妥善地彼此相处。

语用若小道，然亦不可忽。

（2020 年 9 月 29 日）

日本的年号是如何制定的？

日本天皇将于 4 月底退位，皇太子将于 5 月 1 日即位成为新天皇。即位之前的年号还是用了整整三十年的"平成"。那么新天皇将要使用什么年号，随着退位和即位的日子越来越近，在日本也成为人们猜测和议论的话题。《朝日新闻》1 月 7 日的晚报在头版《素粒子》栏就这样写道："平成从公布已经三十年了，新年号的汉字是什么呢？永、元、天、治、应、正、长、文、和，都是迄今为止较多使用的汉字。"

从汉武帝时代起，皇帝开始使用年号，新皇帝即位，一定要改元。一个皇帝在位期间，遇到或好或坏的天地变异，往往也会改元。只是到了明朝的朱元璋，才开始皇帝一个年号用到驾崩，清朝也如法炮制。过去的年号，就本朝内部而言，有万象更新的吉祥期待，对外而言，则宣示正统。周边政权若是使用了这个王朝的年号，就等于奉了这个王朝的正朔，承认这个王朝的正统性，甚至都有自认藩属的意味。历史上五胡十六国时期许多北方政权使用东晋的年号，朝鲜半岛和东南半岛的政权使用中国王朝年号的也有不少。因此说，年号不仅仅具有纪年的实际作用，更具有重大的象征意义。

然而，进入 20 世纪，伴随着帝制的消失，年号这一传统的政治文化符号，在中国本土，周边朝鲜、越南都先后消失了。不绝若线，将年号这一政治文化符号的传统继承下来，在全世界唯一还在使用的国家，只有曾经为汉字文化圈所涵盖的日本了。这也是因为日本实行的是君主立宪制政体，设置有相当于过去中国皇帝的国家元首天皇，所以用年号纪年的传统也一直被保留下来。日本天皇的年号使用与中国明清的王朝一样，"一世一元"，一个天皇用到驾崩为止。所以，日本的天皇也可以像明朝的永乐帝、清朝的乾隆帝那样，以年号称明治天皇、昭和天皇等。

去年，日本的天皇由于身体等原因表示想生前退位，所以日本政府在制定相应的天皇生前退位法令的同时，也开始正式委托一些学者事先拟定新天皇即位后使用的年号。

在新老交替之际的年号采用，日本有过很近的教训。现在日本使用的年号为"平成"，在此之前为贯穿 20 世纪大部分时期的"昭和"，使用了长达六十四年之久。在昭和天皇驾崩的次日，慌忙改元平成，曾造成过文件纪年使用等一些混乱。所以这次未雨绸缪，日本政府打算从容设计新的年号。

无论慌乱还是从容，日本的年号是如何制定的呢?《每日新闻》的报道对此有所披露。

看来日本政府的确是接受了上一次的改元教训，在得知天皇有了生前退位的意向，尚未对外公布的 2016 年 8 月以前，便开始着手拟定新年号了。那么，对于采用新年号这样极为郑重之事，日本政府是委托什么人来拟定呢? 据报道，日本政府委托的是中国历史、中国古典文学以及日本古典文学等研究领域中被认为是第一位的最权威学者。要求这些学者以中国或日本的古典文献为依据，拟定出两个汉字的组合作为备选年号提案。日本政府考虑选用这些提案时还有特别的讲究。由于所委托的各个领域的权威学者多已年届高龄，有的人拟定年号提案之后不久便去世了，所以有一个不文律是已去世者的提案不加考虑。或许这也是想图个吉利吧。在以前，比如编纂《大汉和辞典》的诸桥辙次、中国古代史学者贝塚茂树等人尽管也有年号提案，但由于已经故世，所以就未加考虑。

对于年号，日本还专门制定有年号法的法律。日本政府曾在国会答辩中表示，新年号采用的政令发布之后，需要向全体国民说明年号采用的选择过程。不过，在实际上，"平成"年号的采用过程，政府一直也未加明确说明。关于这件事，倒是在1989年担任官房副长官的的场顺三在前年出版的书中有所披露，让人们可以得知一些日本新年号选择过程的底细。

据书中披露，取代"昭和"选用新年号之际，政府委托的权威学者是，中国史研究领域的山本达郎、中国哲学研究领域的宇野精一两位东京大学的名誉教授，以及中国文学研究领域的九州大学名誉教授目加田诚，三位学者分别拟定了"平成""正化""修文"三项提案。在昭和天皇去世当天，经过征求有识者恳谈会以及参众两院正副议长的意见，最后由内阁会议决定采用"平成"这一年号。

没有采用"正化""修文"提案的原因，其实还有一个技术层面上的考虑。这是因为无论是"正化"还是"修文"，日语发音的罗马字母表记在开头都是"S"，而旧年号"昭和"的开头也是

"S"。日本人以年号纪年，在书写年龄或履历等涉及年月的时候，往往简略地写作年号开头的罗马字母。比如我在日本的一些文件中填写出生年月时，最开头也是写一个"S"，用来表示"昭和"。如果新年号采用了"正化"或"修文"，罗马字母的简略表记便无法同"昭和"加以区分了。

在新年号公布之后，宇野精一披露他的提案是"正化"，目加田诚披露他的提案是"修文"，但"平成"究竟是出自谁的提案，长期以来无人知晓，这次通过的场的书才知道是出自山本达郎的提案。山本达郎出身显赫，祖父曾任日本银行总裁，父亲曾担任贵族院议员。山本达郎以研究东南亚史和印度闻名，笔者1991年参加国际东方学者会议时，曾听过山本达郎作为议长的致辞，后来又在东洋文库见过几次。据日本政府的正式解释，"平成"年号分别取自《史记·五帝本纪》中的"内平外成"和《尚书·大禹谟》中的"天平地成"，来表示达成国内外天地间的和平之意。

从"平成"年号的文献出处、采用过程，以及拟定提案学者研究领域来看，无一不与中国有关。并且，这次计划拟定新年号所委托的学者，据报道又是中国历史、中国古典文学以及日本古典文学等研究领域中的最权威学者。这一状况表明，从明治时代以来一直叫嚷着"脱亚入欧"的日本，尽管已经完全走向了现代化，其实依然一直笼罩着汉字文化圈乃至儒学文化圈的光晕。

进一步联想到的是，至今日本学校的汉文教育所使用的教材也是一如往昔，采用的是儒学经典和中国古典名著，而这些必读书的内容又成为日本高考国语试题的重要构成部分。这一切，不能不让人深深感到的是，中国文化的基因，已经深入到日本文化的染色体之中，像人的肤色一样无法改变。这一事实，令中国人自豪。同时，作为中日两国文化的共性，如果发扬光大，不仅会使两国的人们倍加体察和呵护共同的文化血脉，更可以使东方思想影响未来的世界。

（2019 年 4 月 8 日）

【附记】去年 3 月底，日本新年度即将开始之际，乘坐全日空航班从国内返回。一早的航班，起飞不久，空乘小姐便笑盈盈走到我的面前，向我展示了笔记本写着的两个大字："令和。"我立刻反应过来，是新年号。就问，决定了？答，决定了。空乘小姐那份欣喜的表情，给我留下了很深的印象。作为一个普通人，年号变更似乎跟她没有什么关系，也不会带来什么特别的利益。欣喜的，或许是一个新时代的开启吧。由这件细微小事，让我感受到了传统对于凝聚一个民族向心力的无形作用。

（2020 年 10 月 12 日追记）

"远夷独享斯庆"

宋人曾巩所撰北宋史书《隆平集》卷三《杂录》载:

> 日本国奝然，太平兴国九年自其国来，因得召见。言其
> 国王传袭六十四世矣，文武僚吏亦皆世官。太宗叹谓群臣曰：
> "朕不敢自逸，以冀运祚永久，更赖忠良辅朕不逮，无俾远夷
> 独享斯庆。"

闻说日本国王业已传承六十四代，赓续之久，让宋太宗深为感
慨。对于这件事，宋人李焘的《续资治通鉴长编》卷二五于雍熙元
年三月有更为详细的记载：

> 乙卯，日本国僧奝然与其徒五六人自其国来入朝。奝然言
> 其国王姓王氏，自始祖至今凡六十四世，八十五王矣，其文武
> 僚吏亦皆世官。上闻之叹息，谓宰相曰："此岛夷尔，尚存古
> 道。中国自唐季海内分裂，五代世数尤促，大臣子孙皆鲜克继
> 祖父之业。朕虽德不及往圣，然孜孜求理，惟恐庶狱有冤，未
> 尝敢自暇逸，以田游声伎为乐。冀上穹降鉴，庶几作子孙长久

计，使运祚悠远，大臣亦世守禄位。卿等宜各尽心辅朕，无令远夷独享斯庆也。"因赐奭然紫衣，存抚之甚厚。

宋太宗的反应很有意思，可圈可点。

从君主自律的层面看，日本君主的享国之久，让坐拥中华文明的宋太宗受到刺激，也想小心谨慎，如履薄冰，不敢骄奢淫逸，而要励精图治，不输给蕞尔岛夷。这种自律意识，对于独裁制下的君主来说，难能可贵。

拥有这种意识，还表明宋太宗不像他的儿子真宗，喜欢装神弄鬼，不惜伪造天书来宣传天命。较之天命，宋太宗更相信人事。天心自是人心。与其祈天永命，不若励精图治。

无论是封建制下的天子，还是大一统王朝的皇帝，无不企盼国运长久。所以，嬴政自称始皇帝，希望代代承袭，以至万世，"奉宗庙之重，终无穷之祚"。不过，在中国大地上，还从未有过万世一系的王朝。中国的天子愿望良好，不过这种愿望无疑是一种空想。

原因何在？

原因也简单，中国有革命。

"汤武革命，顺乎天而应乎人。"易姓革命的传统，为王朝更替的行动赋予了合法性。所以中国的皇权象征化，苦苦跋涉了两千年，最终也没有走到形式上的君主立宪。进程被一次次改朝换代所中断。

当然，两千年的努力并不白费，政治运作机制日臻完善，皇帝已不能完全独裁。至少，从宋代以后，中国事实上基本形成了非一系式的不完全君主立宪。这种政治状态的形成，不只是来自大一统之前先秦思想家的理论营养，不只是来自士大夫与皇权的抗争实践，更得益于早期的政治体制设计。大一统的中央集权制形成之后，无论是秦汉以降的三公九卿制，还是隋唐以来的三省六部制，实质上都是一个互相制约的官僚体制。从中央到地方，从宏观到微观，互相制约，无处不在。这种官僚体制，皇帝也不能超越。发道诏书，还不能没有宰相联署。

过去的皇帝自称真命天子，祭天封禅，礼仪繁文缛节，都是为了表明自己权力的来源所自，宣示地位的正统。可实际上，中国人是最不相信天命的。不然怎么会有改朝换代，怎么会有那么多的人想当皇帝。孙悟空一语道破："皇帝轮流做，明年到我家。"不过，中国人从不舍弃天命。一切行为，还要用天命这顶帽子罩住。这是桂冠，有光环。

这是一个重大的理论问题，这里不遑深论。

其实，看到上述史料，最初让我感兴趣的，是一个小问题，即宋太宗的感慨所反映的思维方式。

人们对世界的认知程度受自己的知识构造与经验积累局限，无法想象乃至理解未知与未历的事物。

宋太宗听说日本的君主能享国六十四世之久，便自然归结到是政治清明的结果。因为他认定，世界上所有的王朝都是像中土一样，存在着易姓革命，而绝不会想到接受中华文化影响甚多的东邻日本，君主的万世一系是传统使然，制度使然。

日本天皇"临朝不执政",只为象征,不担政责。于是,这种传统与制度,便真的让"远夷独享斯庆"到如今。

(2012 年 1 月 3 日)

考古也作伪

这里讲述的，是件旧闻。

在 20 世纪 80 年代初期，在日本列岛，日本的考古学界从中部一直到北海道，陆续挖掘出不少旧石器时代的石器。根据这些发现，便底气十足地公开声称，早在七十万年前就有亚洲最古的人类居住在日本列岛。

这些石器，有九成以上是一个叫藤村新一的人发现的，因此，他被称为"神手"。当时藤村是日本东北旧石器文化研究所的副理事长。这些发现，让日本的考古学界大为鼓舞，改写了日本没有早期、中期旧石器发现的历史，因此被写进了日本学校的教科书。

由这一发现所构筑的历史，被自豪地讲述了将近二十年。二十年的讲述，至少影响了一代人。

然而，这一切都是假的。

细心的人先是从石器上有铁器制作的痕迹开始怀疑，进而揭穿。从 2000 年开始，日本考古学会就此进行了长达三年的调查。

调查结果表明，这些石器多是藤村事先制作好埋入地下，然后又由他亲手挖出，或由别人挖出。藤村的作伪，从旧石器时代一直绵延到绳文时代。

作伪的揭露，导致以藤村成果为基础的日本早中期旧石器研究全面瓦解，他所在的东北旧石器文化研究所也因研究基干的崩溃而解散。

拔出萝卜带起泥。嗣后，又有多起考古作伪被揭露，还有人因此而自杀。

作伪的揭露，也让当地将发现用作观光资源而大肆宣传的人尴尬不已。其实，通过调查，人们已经发现到，制造观光资源，正是作伪的众多因素之一。

温故而知新，鉴往可知来。

地下的东西不会说话，地上的人却可以作假，为种种目的作假。利益驱使，无论中外，作伪丑闻还会层出不绝，未有穷期。

历史因作伪而蒙尘，学术因作伪而蒙羞。

在人文科学中，考古学的技术性相当强。从运用的方法手段看，考古介于文理之间。真正的考古认定，对于弥补文献难征、破解历史之谜，具有重要意义。向来，我对辛勤爬梳于田野间的考古工作者抱有极大的敬意与信赖。

然而，任何科学，倘为利益或权势所用，便会走向反面，成为伪科学。神圣的考古学，在人们心中的信赖度也会大打折扣。学术千古事，名利一时荣。纸包不住火，瞒天难以过海，一失足成千古恨，学者当自重。在门外汉难以置喙的领域，考古学家，请让我们相信你。

诚然，在一定的氛围下，学术坚守的确很难。不过，真理是吾师，科学是尺度。岁寒乃见松柏，学术坚守需要勇气。面对真伪，惟有原则在，含糊不得。这里没有灵活性可言，感情替代不了真理。

当然，在不少情况下，结论并非一目了然，是非需要明辨，严格意义上的正常学术论争是必要的。是非愈辩愈明，而不会越描越黑。

前事不忘，后事之师。旧闻回放，不无意义。

（2010 年 9 月 19 日）

日本文化节的前生今世

今天是日本的法定假日，全国放假一天。

放假总有缘由或名义。那么，在今天放假的名义和缘由是什么呢？

11月3日，是日本的文化日，按汉语的习惯，可以称作是文化节。

选定在这一天作为文化节，有着诸多的理由与因素。

昨天，我问小儿，为什么把11月3日作为文化节呢？小儿当即回答道，是日本宪法颁布之日。日本中小学的课程设置中，没有政治课，但却有一门伦理课，相当于国内的政治、社会、哲学等课程的综合。在这门课中，对文化节的由来有介绍，所以小儿记得滚瓜烂熟。

小儿的回答没有错。

战后翌年，1946年的11月3日，日本颁布了新宪法。由于新宪法的主旨重视和平和文化，于是两年后的1948年，就将这一天确定为文化日，成为日本的法定假日。当时的节日法，规定了文化日的宗旨：热爱自由与和平，促进文化发展。

不过，小儿的回答并不全面。

文化节期间校园活动

把这一天选定为文化日，还有历史背景。这一历史背景，日本人虽不讳言，但也不强调，所以教科书中不大提及。

11月3日，原本是明治天皇的生日。从明治六年（1873）以来，一直是日本的全国假日。到明治四十四年（1911）为止，称作天长节。

将天皇生日作为假日的传统，日本至今仍然延续着。比如，每年的12月23日，就是当今平成天皇的生日，全国也是法定假日。

溯源这种做法，其实也是从中国舶来的。宋代赵升编纂的《朝野类要》卷一"圣节"条载："国朝故事，帝后生辰，皆有圣节名。后免之，只名生辰，惟帝立节名。盖自唐明皇千秋节始也。"从建筑形制到律令格式，遣唐使把唐朝的制度搬到日本不少。以皇帝生日为节庆日亦是其中之一。

天皇生前，生日为节，去世之后，亦未废止。并不是人去事非，作为假日依然保留了下来，只不过名称有所改变。而在战前，明治天皇的天长节，在其去世之后，则径直称作"明治节"，一直延续到了战后的 1947 年。

到了 1948 年，"明治节"被改称"文化日"，掩盖了曾是天皇生日节庆的旧背景，强调了和平宪法颁布的新背景。

其实，当年在这一天颁布新宪法，似乎也有隐衷。新宪法的颁布，放在任何一天都可以，但为何偏偏放在了明治天皇的生日这一天呢？

自明治维新起，日本崛起，成为近代国家，成为与欧美匹敌的列强之一。战败后的日本人似乎有怀念曾经辉煌的因素在，所以选在这一天颁布宪法，嗣后又选定这一天为法定假日。用心之缜密，由此可见一斑。标示的宗旨是自由与和平，但究其客观事实与主观意愿，毕竟都是一种对传统的承续。

然而，不管背景如何，促进文化发展的宗旨，的的确确被一直贯彻了下来。每年的这一天，都会表彰对文化作出杰出贡献的人士。其他的各种文化活动也多有举行。比如，一年一度以中国史研究为主的东洋史大会，就在这一天的京都举行。各个大学的大学节，也大多在这几天举行，成为大学生们狂欢的时光。

11 月 3 日，日本列岛秋光正好，气候宜人，并且每年的这一天，晴朗的概率极高，被日本人称作"晴朗的特殊日"。

无关国度，不分民族，但愿人类文化的天空永远晴朗。人不同于动物，需要在文化中生存。记得黑格尔如是说："人是靠思想站立起来的。"

（2011 年 11 月 3 日）

东京梦华

　　辛卯岁杪，脱亚入欧的日本，完全没有节庆的气氛，甚至连一丝痕迹都没有，生活、工作，一切如常。只有这里的华人，传统的节庆意识还像年糕一样粘粘地凝结着，在自己的家里、心里，对自己的文化奉上一份郑重，给自己一份节庆的欢欣。

　　尽管没有节庆气氛，但今年的日本东京却也让相当一部分人欣喜万分。

　　2012 年，新年伊始，从 1 月 2 号起，作为中日邦交正常化 40 周年纪念活动的一部分，北京故宫博物院拿来了 200 件国宝级文物，在位于上野的东京国立博物馆展出。其中包括从未走出过国门的北宋张择端画作《清明上河图》。

　　电视、报纸的报道，让许多人充满了期待。未展出前，人们便奔走相告，期待届时一睹瑰宝。

　　展出如期开始，每天观者如堵，多达数万人，要排几个小时的长队。

　　展出期限很短，只有三个星期。

　　作为研究宋代的我，无论如何也要前往一观。

　　周五，久旱的东京下起小雨，由于气温低，很快变成了飘洒的雪花。我想，这一天是平常的工作日，天气又不好，前往观展的人一定不会有往常那样多。于是，一早就乘一个小时的电车赶到了上野。穿过上野公园时，便看到人们络绎不绝，方向都是博物馆，便加快了脚步。购票进入院门，就见人头攒动，排队的长龙逶迤数折。队尾的工作人员举着牌子，上面显示，进入到馆内需排一个小时以上。

纷纷扬扬的雪花，似乎也感受到了人们的热情，落到地上便融化了。举伞排了一个多小时之后，终于进入馆内。然而情形并不乐观，队列从楼下又是曲曲折折一直排到楼上的展厅。工作人员不断告知等待的时间，说还要等三个小时左右。排队等候的，都是冲着《清明上河图》而去，其他展览在进入馆内后则无需排队。

上野美术馆参观《清明上河图》的长队

在长时间排队中，与队列前后的人已经脸熟，于是临时脱队去看了其他展出。尽管其他文物没有《清明上河图》的名气大，其实都很精彩。大多过去只在画册中看到的名作，终于一睹实物。除了书画精品，还有从商周到明清的文物。我看到了宋徽宗的亲笔画作与他那独特的瘦金体书法作品，看到了宋代宫廷画家的大幅画作，看到了曾经研究过的赵孟頫与管道昇亲笔书画，看到了上课时常给学生放映的乾隆皇帝戎装画的大尺幅原作。还有皇帝的龙袍，由此想到了当年宋太祖的黄袍加身。

由于适逢龙年，展品刻意选择了许多龙的形象。

从上午九点半一直排到十二点半左右，尽管接近了《清明上河图》的展地，但估计还要排上两个小时。但我已经没有时间再排下去了。下午在早大还有一节大课，100多学生还等着呢，这是东洋史的最后一节课，无法休课的，讲清朝，我题名为"天朝的黄昏"。

实在不甘心，于是在队列之外，详细看着墙上电视屏幕播放的《清明上河图》局部放大的一幅幅照片，最后还距离实物的橱窗不到两米处，透过观看人群的缝隙，略微一睹真迹。用这样的方式，我走了两圈，最后依依不舍地离去。

几个小时的排队等候，尽管最终也没有看到，与《清明上河图》原物痛惜失之交臂，但收获还是有的。这便是，深深感受了日本人对中国文化的热情。在《清明上河图》5米长卷的橱窗前，久久等候之后看到的人们，尽管工作人员不断催促，还都是迟迟不愿离去。中国文物在国外展出时出现的这般盛况，我想在汉字文化圈以外的国家很难看到。日本人可以在一定深度上理解中国文化。这是因为，在日本文化中，有着水乳交融般化不掉、抹不去的中国底色。

在研究生课中，一个学生的研究专题是夏目漱石的汉诗。给学生解读，我也有机会细读了夏目漱石的汉诗。我觉得，夏目漱石汉诗的成就之高，远胜明清时代中国的二、三流诗人。那一代日本人的汉文水准，从他们创造的大量汉字新词中可以看出。至今，我们中国人还在使用着这些词汇。

现代化的日本，本质上我感到并没有"脱亚入欧"，而反倒是做到了"中学为体，西学为用"。他们没有抛弃传统。这传统，便与中国有着割不断的联系。

由北宋入南宋的孟元老，回顾昔日的繁盛，写了一部《东京梦华录》。博物馆内外人头攒动，看着默默耐心长时等待的男女老幼，我一瞬间觉得，日本与中国是那样的近。这种近，不仅是地理上的，还是文化上的，心灵上的。三个星期，每天每天，数万人从日本各地蜂拥而来，不惧雨雪，甘冒寒冷，为了就是"东京梦华"，梦中国文化之华、之花。

展品中有各式各样的龙的形象，中国龙，腾跃在东瀛。

《水浒传》第 101 回有这样一句话："此时琼英这段事，东京已传遍了，当日观者如堵。"不去管它原本故事如何，只借用后边这句话，改造一下："中国文物展，东京已传遍了，每日观者如堵。"

（2012 年 1 月 22 日）

"昼寝"的日本人

在日本，上午上课，前往教室途中，路过一个梯形大教室，刚好从窗外看见一位老先生在黑板上工整地写下的两个大字，老先生就这两字正在解说。

这两个字是"昼寝"。老先生我不认识，自然不是讲授东洋史，也不是教授与中国有关的课程。而"昼寝"二字，显然也与他讲授的课程没有直接关系。

关着门，我无法也无暇听老先生在说什么。然而映入眼帘的两个大字却久久地萦绕在我的脑际，挥之不去。

估计是因为在老先生的大课上睡觉的人很多，于是他便在上课伊始，先对学生施以教诫。

让我感兴趣的，是老先生教诫的内容。他没有白话直言不应上课睡觉，也没有阐述种种好好学习的意义，只是简洁地写下"昼寝"两个字。我猜想，接下来老先生讲的一定是《论语》中的故事：

宰予昼寝，子曰：朽木不可雕也，粪土之墙不可圬也。

可以想象老先生会是这样教育他的学生：你们上课睡觉，就不会学到东西，就会没出息，就像是孔子骂过的那样，是不可雕的朽木，是不可圬的粪土之墙。如果学生能够听进老先生的话，我想肯定会很震动，精神起来，不会再在课堂入梦。

拿儒学经典来教育学生，在21世纪的日本让我眼为之亮，心为之动。

教科书中的古代汉语

从明治维新时期开始，日本走了一条脱亚入欧的道路。然而，伴随着汉字而传入的中国文化，已经像基因一样深深植入了日本人的精神之中。不仅《论语》之类的儒学经典曾经是日本人的基本教养书籍，中国文化的染色体，就像日本人的黄皮肤，任凭如何脱亚入欧，也改变不了，常常在潜意识中主导着日本人的言行。

其实，战后的日本并没有一味走一条脱亚入欧之路。尽管不像明治维新以前那样追求和魂汉才，但从小学开始的国语教育中，便有汉文的部分。日本所说的汉文，就相当于中国的古汉语。选择纳入教科书的汉文，皆为先秦典籍和《史记》等一些经典的古代汉语。这种教育一直持续到高中。

高考题里的《苦竹记》

日本高考入学的国语考试，也一定有汉文题。在我们大学高考入学判卷，我一直负责汉文的部分。不仅像我们这样的私立大学自行出题有汉文试题，每年全国统一考试的国语试题，汉文也占很大比重。

观察今年日本全国统一考试的国语试题，共有四部分，第一部分是对一篇论说文的解读，第二部分是对一篇小说的解读，第三部分是古文解读。日本的古文是指日本的古典，今年出的是《源氏物语》的一部分。第四部分就是汉文解读，出的是明代后期陆树声《苦竹记》中的一段：

> 江南多竹，其民习于食笋。每方春时，苞甲出土，头角苣栗，率以供采食。或蒸瀹以为汤，茹介茶莼以充馈，好事者目以清嗜，不靳方长。故虽园林丰美，复垣重扄，主人居常爱护，及其甘于食之也，剪伐不顾。独其味苦而不入食品者，笋常全。每当溪谷岩陆之间，散漫于地而不收者，必弃于苦者也。而甘者至取之或尽其类。然甘者近自戕，而苦者虽弃，犹免于剪伐。夫物类尚甘，而苦者得全。世莫不贵取贱弃也，然亦知取者之不幸，而偶幸于弃者，岂《庄子》所谓"以无用为用者"比耶？

日本高考汉文试题

日本没有统一的国语教科书，选择哪个出版社出的教材，公立学校由县教委决定，私立学校则自行决定。因此，高考国语汉文部分的出题，也无需考虑教科书的范围。这样一来，所选汉文的文章，基本是由出题老师自行决定。

今年作为高考试题出的明代陆树声的这篇文章，虽说是名文，亦非尽人皆知。从网上调查看，浙江的一些高中曾把此文作为高考

足利市内《论语》路标

自测模拟题。不知日本人选用此篇作为试题，是不是受到了中国的影响？无论如何，对于完全没有读过此文的考生，解读时要全凭平时对汉文知识的积累和训练。

高考试题汉文占了四分之一，这一比重高过国内高考。而另外四分之一的古文中，也类似文言文，解读也需要用到汉文知识。两个四分之一相加，古典文的比重居然达到了一半。由此可见日本对汉文教育的重视。

大学里的汉文专业

学生进入大学，甚至读了研究生，有些专业依然要学习汉文。

我在我们学校和早稻田大学的两个研究生班，都是读汉文史料。十多年来，我前后指导学生读过《归田录》《通鉴问疑》《棠阴比事》《省心杂言》《朝野类要》等宋人的著作以及《四库提要》。所以，老先生援引《论语》来教育学生，学生并不会感到突兀，而是似曾相识，甚至是耳熟能详。

日本的这种汉文教育，不仅仅是技能性的知识学习，在潜移默化之中，汉文的内容已经深入到学习者的头脑之中。这其实是在延续一种文化的血脉。在日本，有一部分人一直在呵护这一血脉。

前几天看到，早稻田大学文学部的院里，竖着一块广告牌，上面通知日本全国汉文教育学会第30届年会在最近的开会日期与报告题目。日本的汉文教育学会尽管是民间学术团体，但仅就这次年会的后援看，就有文部科学省、早稻田大学、东京都教育委员会、新宿区教育委员会、全国高等学校国语教育研究联合会和汉字文化振兴协会。由此也可见日本对中国古典教育的重视。

从这次汉文教育年会的日程看，即将在5月31日和6月1日周六、周日两天举行的会议，第一天的日程是面向高中一年级的研究授课、研究协议和史迹考察，第二天才是正式会议。在开幕式之后，分为小中高之部和大学之部，共有六位学者，在早稻田大学的两个大教室做研究报告。现将报告题目移译如下——前者为：《读〈定婚店〉：兼谈对文言小说的解读》《高中汉文教育实践报告》《孟浩然〈春晓〉新解：试探艳诗的可能性》；后者为：《蓝泽南城的折衷学：关于〈论语〉解释的特质》《古代白话的解读：以〈朱子语类〉译注为中心》《三国时代的国际关系与文化》。在两场分科会之后，还有两场专题演讲会，一场是以汉文与日本史的关系视角来考察训读的历史变迁，一场是讲杜甫的诗与山上忆良的诗。最后是闭幕式。会议的报告者、演讲者和组织者，有高中教员、研究生和大学教授，不少是我熟识的友人。

从日本使用的年号，到政治家时而对汉文的引经据典，无论愿不愿意承认，绝对难以否认，日本人精神结构的深层，拥有中国文化的底色。

那天映入眼帘的"昼寝"，让我再次实感。

（2014 年 9 月 22 日）

日本教科书中的鲁迅

"鲁迅作品大撤退。"最近，几年前的话题，又由于新的触因，再度在网上引起热议。语文教科书的内容与时俱进，无可厚非，容易理解。然而，正如一个人不能无视和忘掉自己的昨天一样，一个民族也不能割断自己的历史。传统文化，犹如神话中巨人安泰脚踏的大地，那是力量的源泉。

长年居住在日本，看他们的歌舞伎，听他们的落语狂言能乐，甚至各个时令在大街上看到穿着传统服装的节日表演，还有在我们看来原本不是什么古迹的场所，也被政府指定为重要文化财（重点文物），加以悉心保护，便每每感慨，现代化的日本是那么珍视自己的传统文化。以体用言之，脱亚入欧仅为用，其体还是和服歌舞伎。用日本的成语说，就是"和魂洋才"。

曾为汉字文化圈中之国，日本的传统文化，深受中国文化的浸染。许多生活习俗和民间节日都来自中国。新年、端午、七夕、中秋等，只不过多数节日都被采用公历的日本人移花接木，挪到了阳历那天，显得有些不伦不类。不过，保留本身，便是对传统的呵护。

对传统的呵护已经渗入了日本的教育之中。在日本的中小学国语教科书中，历来都有汉文和汉诗，那是《论语》《史记》，那是李白、杜甫。

儒学经典自传入日本，便融入日本文化，成为往昔日本人基本教养的必读书。跟中国人一样，孙悟空人人皆知，《三国志》家喻户晓。在"和魂洋才"之前，日本人更崇尚"和魂汉才"。

因此，让我深深感受到的是，日本文化的根底，在中国文化。尽管是水乳交融般地融入了日本文化，但依然随处可见。

不光是传统古典，近代以来的中国文化，也被素以"拿来主义"著称的日本人所汲取。

我们还争论鲁迅的去留，而日本的中学教科书却一直有着鲁迅的一席之地。翻阅我孩子中学三年间的国语课本，外国人的作品寥寥无几。亚洲人中，只有鲁迅一个人气宇轩昂，赫然登堂入室。中学三年的国语课本中，在《超越世代》的栏目下，鲁迅小说《故乡》的日文版被列为首篇，并且居然是全文，不是节选。加上帮助学生理解的插图和注释，占据的篇幅达 25 页之多。

日本的中学国语教科书很厚，除了正式课文，还包括有相当于我们课外阅读的部分，称作"读书"。鲁迅的作品没有被归为"读书"的部分，而是正式课文。

看到国内的热议，看到日本的教科书，颇有感慨。

诚然，鲁迅时代的白话文还没有完全定型，现在看来多少有些别扭。并且，鲁迅作品在内容上，今天的年轻人读来，也颇有隔阂。

然而，鲁迅已成为一种象征，鲁迅作品已成为经典，已成为文化，已成为传统的一部分。鲁迅对时事的针砭，对国民劣根性的揭露，依然不失为警世通言。从鲁迅作品中看到的，不仅仅是黑暗与仇恨，不仅仅是匕首、投枪，还有恨其不争的大爱，还有涓涓流露的赤子之心。

我们看一下日本的中学国语教科书是如何评价鲁迅的："关注着走向殖民地化的中国，一直呼唤国民从封建制度中解放出来，呼唤国民的自立。"日本的教科书编者就是这样告诉给日本的孩子的。

语文教科书，教授的不仅仅是作文技巧，还是向下一代传递民族文化的正规渠道。我们要交给孩子们什么样的文化传承接力棒？

在日本，几乎人人知道鲁迅。这主要是由于，鲁迅一直活在战后日本的学校教科书中。

"鲁迅"的两个字，日语的读音与"老人"相近。作为文化巨匠，鲁迅无论在中国还是在日本，都是值得尊敬的老人。

然而，有一天，当日本人向我们的年轻人谈起鲁迅，而我们的年轻人却一脸茫然，该是何等悲哀。

木不能无本，无本则枯；水不能无源，无源则竭。数典不能忘祖，割断传统的民族没有未来。

（2010 年 10 月 13 日）

静静的溪流

年末，一位国内的朋友希望我写写日本的新年。也许是司空见惯，也许是过于平淡。我竟没有一丝动笔的冲动。

由于不过农历新年，所以采用公历的日本，颇为重视元旦。这也是脱亚入欧的日本将传统节日移花接木所形成的一个现象。日本人过元旦，犹如中国人过春节。

然而，连放四天假的元旦期间，在我看来，与平日并没有什么异样。家家户户的门前，除了多了松竹的装饰和"贺正"的标语之外，一如往日。

元旦期间的日本人，远离家乡工作的人，大多会像中国人一样，拖家带口，或是乘车，或是驾车，赶回家乡同父母一起过节。

相当于农历除夕的 12 月 31 号，日语叫做"大晦日"，多数日本人会全家围坐在电视机前，看相当于国内"春晚"的红白歌合战。分男女红白两组唱歌来决胜负。接近新的一年到来的零时，日本人会吃事先预备下的新年特制食品，由鱼虾海带甜食组成的像拼盘一样的冷食，并且要吃"年越荞麦"，如同中国北方人吃年夜饺子，南方人吃汤圆。昨晚，我的小孩讲了一个理由。说是荞麦面易断，过年时吃荞麦面，把烦恼都留给旧的一年。联想到日本把年底的宴会叫做"忘年会"，似乎是同样的理由，像挥一挥衣袖不带走一片云彩一样，把烦恼丢掉，轻松进入新的一年。

吃完"年越荞麦"，一些不怕冷的人，会赶往神社或寺庙。新年的参拜叫做"初诣"。字面的意思不难明白，就是第一次去参拜。年末到元旦清晨的时间段，一些电车线路还不设末班车，彻夜运行，以便人们前往一些大的神社和寺庙参拜。从 1 号到 3 号去参拜，都叫初诣。人们一般都到住家附近的神社或寺庙去祈求保佑。除了有特殊的许愿，才去一些特定的神社或寺庙。比如在东京一带，保佑高考入学往往去东京大学附近的汤岛圣堂，保佑交通安全去西新井大师，还有综合保佑的成田山等。在"大晦日"零时之前去参拜，有时还为了感受气氛，在离零时还有十来分钟，寺院的钟声便已敲响，因为要缓缓敲上 108 下，颇费一些时间。敲 108 下，是表示要把 108 种烦恼都除掉。

深夜前去参拜，尽管人也不少，但同样安静有序，沿着参道排队前行，临近时，用净水冲手，排到前面之后，往神箱扔进硬币，摇摇哗哗作响的带铃粗绳子，合十默默许愿行礼，然后离去。如果前一年求有牌符，要拿来烧掉。神社或寺庙每年都揭示在该年前后会有灾祸的年份及年龄，贩卖一些"厄除"的保佑牌符，还可以买到算命的纸签等。在元旦期间的神社或寺庙，有时可以看到日本式的狮子舞，喝到热腾腾的甜酒。

元旦的清晨，有一个令人期待的乐趣是，去信箱取贺年卡。由邮局统一印制的贺年卡，日语叫做"年贺状"。年贺状在年末一周以前寄出，元旦一早邮局统一雇用很多零工送达。平时不大联系的朋友，借此可以得知友人的近况。贺卡有编号可以抽奖，到 1 月 15 日公布号码。抽奖也是一个小小的乐趣。不过，互联网和手机等各种联络方式日益普及以来，年贺状带给人的魅力日渐消失。

元旦期间，对于一些日本人来说，还有一个有魅力的去处，那便是去一些大商店抢购"福袋"。装在纸袋或塑料袋内的物品从外面无法看到，价格从日元三千、五千到一万不等，甚至会更贵，但一般都会超值。抢购福袋时或许有些混乱，但也不至于失去控制。

长期在日本生活，如果用一个字来形容，那就是"静"。

人口密度远远大于中国的日本，无论是平日还是节假日，除了少数繁华区域之外，大街上几乎看不到比肩接踵的行人。日本人一般都安静地呆在家里。平日通勤的电车，拥挤得如同沙丁鱼罐头，但是也很少听到大声讲话。满登登的电车像是拉着一车无声的货物。

如果再用两个字来形容日本，那就是"有序"。

工作、生活，一切按部就班，有条不紊。习惯了国内热闹的生活，日本的生活或许显得有些单调刻板和冷清乏味。

日本人的好奇心似乎不多，电车中灵动地转着眼球的，大多不是日本人。所以日本人也不大扎堆看热闹，天崩地裂，与己无关，大多也都无动于衷，自行其是。所以，就人的行为习惯来说，像曾经发生在上海外滩的踩踏惨事，在日本发生的几率不会很大。因此，除了检讨管理层面的因素，人的行为习惯也当反思。

比之喧腾的大河，日本的日常生活就是一条静静流淌的溪流。

（2015 年 1 月 1 日）

东瀛《茶十德》

　　周日，外出散步，归途拐进一家中型超市。在超市的一隅，经营着一家茶叶店。平时也从旁边走过，从未停下过脚步。最近因为朋友介绍过一种有人气的日本茶，所以，今天路过时，特地留意打量了一下。

　　打量之下，蓦然看到了悬挂在店内墙壁上的一块牌匾，赫然书写着《茶十德》。

　　对《茶十德》，中国人、特别是对茶略有所知的人并不陌生。内容如下：

　　　　以茶散郁气；

　　　　以茶驱睡气；

　　　　以茶养生气；

　　　　以茶除病气；

　　　　以茶利礼仁；

　　　　以茶表敬意；

　　　　以茶尝滋味；

　　　　以茶养身体；

以茶可行道；

以茶可雅志。

在网上检索了一下，对茶之十德的归纳，据说是出自唐代的刘贞亮之手。我对这个刘贞亮的生平略微进行了考索，得知他是生活在唐代中期稍后的一个宦官，《新唐书》卷二〇七有传，为人品行不错。不过，检视不少刘贞亮的史料，均未述及《茶十德》，甚至对刘贞亮与茶的关系都未着半点笔墨。不知这个《茶十德》的著作权归属刘贞亮所据为何，还望博雅君子有以教之。

《茶十德》的著作权是否归属刘贞亮并不重要，让我感兴趣的是，在日本的茶叶店里看到的《茶十德》与上述国内流传的内容全然不同，现录文如下：

茶十德

诸天加护；

父母孝养；

恶魔降伏；

睡眠自除；

五脏调和；

无病息灾；

朋友合会；

正心修身；

烦恼消灭；

临终不乱。

　　全文皆为汉语，并不难懂。或许这个《茶十德》，就是从中国进口，然而出处难以考证。

　　经由中土，北传佛教进入日本，佛经皆以汉字表示。和尚念经，纯正的是用中国江南吴音吟诵。

　　佛教在日本影响很大，许多佛教词汇进入日语，发为吴音，并且寺庙也习惯用汉字来表意。日本的墓地多由寺院来管理。一个日本朋友告诉我，这是由于过去的幕府担心和尚造反，而给他们安排的差事。墓地与寺庙形影相伴，多在市区人居之处，人皆司空见惯，不以为怪。我去兼课的一个大学，要途经一个寺院管理的墓地，每座家族墓地插着不少这一家族后人求来的木牌。木牌上写着的都是中国人易晓的浅近汉语，无一个日文字母假名。

　　不仅佛教，日本传统文化的一些表记，在习惯上也常用汉语。记得多年前，我曾与日本朋友一起去"乐语"剧场，去看相当于中国相声的乐语。舞台正中的牌匾上写着的几个大字是："愉快是人生。"日本人用日语来念这几个字，但意思与中文无异。

　　绕了半天，我想说的是，日本的《茶十德》，或许是过去伴随着佛教的交流而进口，或许是从中国舶来茶道后的日本人所拟。

　　全用汉语表达，并非不可思议。日本最早的典籍，无论《古事记》《日本书纪》，还是《万叶集》，也都是纯用汉字写成。

　　日本的《茶十德》，折射出的是汉字对日本文化的影响。

中日两则《茶十德》，都是讲茶的好处，并且由茶引申，涉及人生、社会，阐述哲理。不过比较之下，中国的《茶十德》更注重于养生，更接近世俗，而日本的《茶十德》则更多宗教意味，俨若佛家语茶。这是体现出与佛教融合的茶道对世人的劝谕，入乎茶，出乎茶。

把这个不大为人所知的东瀛《茶十德》，与中国通行的《茶十德》作比较观，很有趣。

（2011 年 6 月 6 日）

误认题错，考生偏得

1月18日，日本跟往年一样，在雨雪霏霏的寒冷天气中进行了全国统一高考。

在地理历史《世界史B》的试题中，有一道选择题，列四个选项，正确答案为选项①：魏实行了屯田制。

在答卷时，有考生对这个选项向监考老师提出质疑，这里的"魏"究竟指的是三国时期的曹魏，还是战国时期的魏国？

这一质疑，犹如一记闷棍，居然把主持考试的大学考试中心给打晕了。当天就作出了这样的决定："关于1月18日实施的令和二年度大学统一考试的地理历史《世界史B》的第一题第5问的正确答案，考试参加者全部给分。"

全部给分的意思就是，这道题无论怎么选择回答，都算正确。在这一决定的下面，考试中心讲述了如下理由：

> 这道题是从4个选项中选择一个正确选项的考题。
>
> 选项①是正确答案，但考虑到对选项中的"魏"，会有考生误认为不是三国时代而是战国时代的可能性，因此决定参加考试的全体考生都给分。

問 5 下線部⑤に関連して，制度や政策について述べた文として正しいものを，次の①~④のうちから一つ選べ。 5

① 魏で，屯田制が実施された。
② ムガル帝国が，貴族に軍役と引き替えに土地を与えるプロノイア制を導入した。
③ ベルンシュタインが，プロイセンで農民解放を行った。
④ ポルトガルで，アトリー政権が社会福祉制度を充実させた。

問 6 下線部⑥に関連して，文化の受容について述べた次の文 a と b の正誤の組合せとして正しいものを，下の①~④のうちから一つ選べ。 6

a 12世紀のヨーロッパで，ギリシア古典やアラビア語文献がラテン語へと翻訳され，学芸が発展した。
b ガンダーラ美術は，古代ギリシアの美術（ヘレニズム美術）に影響を与えた。

① a ― 正   b ― 正
② a ― 正   b ― 誤
③ a ― 誤   b ― 正
④ a ― 誤   b ― 誤

日本高考《世界史B》试卷

不知道是哪位教授出的这道题，不过我猜想，出题者看到这一决定，一定会很愤怒。因为这道题完全没有错误。

诚然，中国历史上国号、国名相同的不少，如西周东周、前汉后汉、南齐北齐、刘宋赵宋等，如不加以标明，的确会造成一定的困惑。不过，这道题则不一样。因为选项除了国名"魏"，还有"实行了屯田制"的表述。有了"屯田制"这几个字，就把时代完全限定了。

在中国历史上，战国时期还没有屯田制的出现。以取得军队给养或税粮为目的，屯田作为由政府直接组织经营的集体耕作制度，是在西汉时才出现的。汉文帝时，晁错建议："令远方之卒守塞，一岁而更，不知胡人之能，不如选常居者，家室田作，且以备之。""上从其言，募民徙塞下。"《汉书·晁错传》这一记载，应当是对边疆屯田的较早记载。这一成功的经验，在汉武帝时加以制度化，设置有屯田校尉。在卫青、霍去病大破匈奴之后，西域屯田的规模已经不小，"吏卒五六万人"。《汉书·西域传下·渠犁》亦载："自武帝初通西域，置校尉，屯田渠犁。"降及东汉，又发展出内地屯田。《后汉书·马援传》载："（马）援以三辅地旷土沃，而所将宾客猥多，乃上书求屯田上林苑中。许之。"《三国志·魏书·武帝纪》于建安元年载："是岁用枣祗、韩浩等议，始兴屯田。"官渡之战后，曹操统一了北方，在相对安定的状况下，开始规模更大的屯田。屯田对魏的国力增强和社会安定起到很大的作用。《三国志·魏书·武帝纪》注引《魏书》云："于是，州郡例置田官，所在积谷，征伐四方，无运粮之劳，遂兼灭群贼，克平天下。"

通过上述对屯田历史的回顾，可知战国七雄之一的魏跟屯田毫不贴边。如果真的战国时也明确有屯田的记载，那么这道试题的确会造成考生回答时的困惑。但屯田历史的事实并没有多项选择的问题。说到魏实行屯田制，舍曹魏而无他。

考生出于对中国历史无知的节外生枝，居然让日本全国高考中心的官员乱了手脚，大概没有征求出题老师的意见，便慌忙作了全体给分的决定。

正可谓误认题错，考生偏得。不过，考生无知犹可理解，日本官员对中国历史知识的贫乏，令人唏嘘。这似乎也是日本近年来轻视文科的政府导向带来的后果吧。

（2020 年 1 月 20 日）

日语"逆袭"汉语

《咬文嚼字》编辑部发布"2013 年十大流行语",来自日语的"逆袭"一词不仅榜上有名,并且排列靠前,为第四位。这种汉字的日语外来词在中国流行,似乎颇令人感到出乎意料。

不过,仔细想来,这也是意料之中的现象。

发源于中土的汉字,远在一千多年前,便已超越国界,成为中国周边国家的文化载体,此即汉字文化圈。不同的文化用同一种文字表述,共通的汉字便为彼此间的文化交流提供了便利。

然而,就中日文化交流来看,以往人们过多注意到的是,通过汉字的媒介,中国文化对日本的影响,而对逆影响则有所忽视。

其实,文化交流从来都是交互双向的,走的不是单行道。日语"逆袭"一词成为中国的流行语不过是件典型的个案。回顾一下可见,近代以来,日语词大量涌入,至今日仍占据着中国人的主要话语空间。如此为说,并非夸张,谓予不信,有凭为证。

在 20 世纪 60 年代编纂的可能是唯一的一部《汉语外来词词典》中,有几千个外来词,明确表明来自日语。

都是些什么词呢?举其荦荦大者,略加罗列如下:

暗示、白旗、白热、版画、半径、饱和、保险、否认、经济、漫画、保障、悲观、悲剧、背景、本质、博士、参观、干部、支部、经验、美术、参照、常识、场合、场所、成分、承认、乘客、概念、紧张、民主、抽象、出口、刺激、代表、道具、单位、手续、干事、警察、敏感、抵抗、电话、电池、电车、定义、动员、法律、革命、具体、明确、法庭、法则、反应、方式、分析、封建、封锁、工业、决算、目标、固定、故障、关系、广场、广告、国际、科学、环境、课程、目的、取消、机关、机械、积极、计画、集中、集团、交通、解放、肯定、内容、会计、劳动、类型、理论、理想、立场、了解、列车、领土、能力、偶然、判决、批评、铅笔、权威、任命、日程、商业、社会、身分、生产、时间、市场、市长、思想、速度、索引、特长、体育、体操、条件、统计、卫生、文化、文明、文学、物理、现金、现象、效果、博物馆、不动产、不景气、乘务员、出发点、教科书、入场券、传染病、蛋白质、单行本、世界观、所得税、图书馆、共产主义

以上这些词，都是从词典中随意抄录的。这些日语词，多是在明治时期大量吸收欧美文化的背景之下产生的。有些是日本人自造的，有些是把旧有的汉语词加入新义而形成的。无论是新造词汇，还是旧词翻新，都可以看出那一时代日本学者的汉学水准之高，对汉语词汇意义把握之准确，以致中国在通过日本来引进西学时，也把这些日语词原封不动地引进，一直使用到如今。这些词汇达到了

与汉语水乳交融的程度，没有任何陌生感，如果不是专门从事中日语言文化研究，很少有人意识到都是来自东邻。

进一步设想一下，如果把包括上述列出的大量日语词抽去不讲，现代汉语的表达会不会一时失语？因此，并不夸张地说，大量来自日语的汉字词汇业已构成现代汉语的基础。

在日语中，除了上述这些日语词，还保留有大量古汉语的词汇，语义几乎没有改变，如以"走"为"跑"，以"汤"为"热水"等。这样的语义，今天我们只能从固化的成语中还可以略见仿佛，如"走马观花""固若金汤"等。从这个意义上说，日语中的汉字词还是古汉语的活化石。

受惠于历史上的汉字文化圈，包括日本，在共同使用汉字的各国、各地域，汉字词汇处于流动状态。这正是体现在语言文字上的文化交流。

其中，日语汉字词汇向汉字母国"逆袭"，最为显著。这是一个值得重视的文化现象。不仅是上述明治时期传入了大量的日语汉字词汇，以语言文字为媒介的文化交流像流淌的河流一样，一直不曾中断，只不过因时而异，有时是滔滔巨流，有时是涓涓细水。

在中国改革开放以后，先是经由港台地区，后是直接输入，又有不少日语词汇加入现代汉语的词汇行列。如"便当""人气""氛围"等。

在《现代汉语词典》第 6 版去年问世之后，日本媒体敏感地发现，在新版中收录了不少日语词，如"刺身""定食""寿司""天妇罗""通勤""手帐""宅急送"等，并且有些居然还是近年来才在日本流行起来的词汇，如"宅男""宅女"等。这是见于2012年8月12日《产经新闻》的报道。报道说，日本的"宅"文化向中国的浸透也在新版词典得到折射。

在全球化的时代，文化交流的各种媒介比以往更为丰富多样，饮食、文学和影视作品等都成为传播的渠道。在这样的背景之下，同样使用汉字的中日两国，在文字词汇上的互相影响成为必然。

"逆袭"实际上跟汉语中旧有的"反攻"一词在意思上差不多少。不过，同义的词汇多几个也无妨。日语中本来就有汉字词汇可以表达的意思，同样引进以片假名表示的外来语也相当多。陌生的词汇会带来一种视觉上的刺激与新鲜感。这种文化心理现象，也是新词被接受和流行的一个因素。

不仅是今年的流行词日语"逆袭"汉语，汉语也同样向日语进军，"电脑""韩流"等词汇也被日本人所接受。

我在日本的大学常年开设的一门课就是《汉字文化论》，从汉字的历史讲到汉字的衍生以及汉字词汇的文化差别和相互影响，并展望汉字的未来。

在二战之前，全世界的汉字都是同样的繁体字。战后，除了中国港澳台以及海外华人社区依然使用繁体字之外，中国大陆和新加坡等地使用了简体字，日本则推行了部分简化的当用汉字，原本一致的汉字写法一分为三。

我讲授汉字文化论，实际包含有一个梦，希望再度"书同文"，中日韩三国专家共同制定统一写法的汉字，形成新的汉字文化圈，为东亚等地域互相交流提供一个技术平台。

汉字词汇的互相"逆袭"，是一个令人欣喜的文化现象。

（2013 年 11 月 27 日）

以心传心，读懂空气

最近，在早稻田大学的春季中文大会上，听了一位教授的报告，题目是"以心传心，所传为何"。由这一报告，唤起我对"以心传心"一语探索的兴趣。

"以心传心"，日语中的这个成语，自然是来自汉语。在日本使用范围极广的辞书《广辞苑》最新一版中，对这一成语有如下解释：①作为佛教用语，禅家用来表示师傅把语言不能表达的真理传递到弟子心中；②所思之事不由语言，相互心心相传。

在中国的《汉语大词典》中，也对成语"以心传心"如是解释："佛教用语。指传授禅法的一种特殊方法，即离开语言文字，以慧心相传授。这种方法，重点在于修心，强调学禅者对禅法的内心自悟。"

无论是日本的辞书，还是中国的辞书，皆将"以心传心"的语源指为唐代宗密《禅源诸诠集都序》中"法是我心，故但以心传心，不立文字"。作为华严宗第五祖的圭峰宗密禅师，生卒年为784年至841年。《汉语大词典》又追溯至稍早一些的《六祖坛经》，在《行由》中则有"法则以心传心，皆令自悟自解"。《六祖坛经》被整理成书尽管在北宋初年，但禅宗六祖慧能的生卒年则是在638

年至 713 年。后来曾经到过唐土的日本僧人空海也在其《遍照发挥性灵集》中写道："又秘藏奥旨，不贵得文，唯在以心传心。文是糟粕，文是瓦砾。"

从禅宗书中拈出的这句"以心传心"，在日本成为一句通常的成语。明治时代的夏目漱石在《吾辈是猫》的名作中，就有这样一句："如果禅家无言的问答是以心传心的话，这无言的戏剧也是以心传心的一幕。"

"以心传心"语出佛教禅宗，看来是古今中外的共同认识。早大报告的教授也是从这一线索追溯了这一成语的日中语源。

不过，翻检之下，在禅宗使用此语以外的唐代其他文献中，我也看到"以心传心"之语。唐代蒋防在《连州静福山廖先生碑铭》中写道：

> 仙书无文，仙语无词，以心传心，天地不知。

那么，蒋防所云，是不是也讲禅宗呢？他这篇《连州静福山廖先生碑铭》的前边还有一大段序言，稍为浏览，可知其"以心传心"之所指。序言如下：

> 冲，先生名也；清虚，先生字也；本郡主簿西曹祭酒湘东王国常侍，先生官也；静福山，先生家也。于戏！先生之名，玉堂金简之名矣。先生之官，词林学府之官矣。先生之家，红霞丹景之家矣。至若鹤骨松貌，泉浔谷虚，寓形人间，天地无

累，与夫扶桑公、陶隐居、张天师遥为师友矣。以梁大通三年家此山，光大二年去此山，春秋九十七。门人邑子无以知其踪，但徘徊醮坛，泣对香火而已。长庆末，余自尚书司封郎中、知制诰、翰林学士得罪，出守临汀，寻改此郡。闻先生至道，登先生旧山，扪萝拨云，瞻仰不足，稽首岩户，强为之铭。

从序文之所言，从铭文"仙书""仙语"之表述，很明显与佛教无关，而涉及道教。序文中提及年号"长庆"，检视蒋防其人，新旧《唐书》中均有提及，生活于元和、长庆之间，与白居易也有过交往。

元和、长庆之间，乃9世纪初，与前面提及之写作《禅源诸诠集都序》的宗密为同时代人。这一事实表明，"以心传心"一语，并非是禅家专利，道家也同样使用。蒋防的《连州静福山廖先生碑铭》一文见于《唐文粹》卷六五，宋人潘自牧《记纂渊海》卷八五引述蒋防的"以心传心，天地不知"，将此语归于释部参请类，虽然归类不当，但也足见此语之影响。

那么，"以心传心"一语的发明权究竟是佛教禅宗，还是道教呢？对这一问题，还从未有人提出，因此也无聚讼，一直由禅家把持着发明专利。不过，由蒋防此文，却生出疑惑。

我想，对"以心传心"的发明权归属，可以不必较真，因为禅宗言说毕竟不是佛经的翻译，它是借助了汉语中惯常的思维和通俗的表达来阐释自家的道理。就这一点来说，释道皆然，所以才会易于为信众所接受。

"以心传心"，其实是中国人的思维方式。俗话所言"可以意会，不可言传"，即为此理。这句俗语，也是自古相传。宋人陈祥道《论语全解》卷一在解释"子曰：吾与回言终日，不违如愚。退而省其私，亦足以发。回也不愚"时写道："道相迩者，可以意会；而道相远者，必以言传也。"不论儒释道，师徒道近，可以意会，可以以心传心，无需言传。不以言传，不立文字，不看重外在媒介，追求真谛，其实也正是庄子所言之"得鱼而忘筌"。广而言之，诗词的含蓄，绘画的写意，都同样是"以心传心"。

"以心传心"，所传何心？曰：中国心。

虽说是中国心，传到东瀛，又着上了日本色。日本人在交往乃至工作中，有一种"读懂空气"的说法。如果说一个人"读不懂空气"，那可是相当严重的恶评，表明这个人不懂为人处世。在日本，"读不懂空气"就无法与人很好地相处，也难以在社会上很好地立足，会被众人鄙视。

空气无形，怎么读？其实就是汉语说的"察言观色"。不过在中国，察言观色只是用来形容会做人、会处事，而日本的读懂空气则是人与人相处的基本原则。正因为要读懂空气，所以来自东土的"以心传心"便获得了日本人的极大共鸣。

"此中有真意，欲辩已忘言。"有时语言反而是苍白无力的。不假言传，只需意会，这就需要读懂空气，以心传心。

以心传心，心领神会。无言之心润滑着社会，和谐着人际。

（2014 年 6 月 22 日）

贤妻良母，还是良妻贤母？

一日读报，日语"良妻贤母"一词跃入眼帘。恕我无学，这个词还是第一次见到。

作为中国人，中文的"贤妻良母"一词，则是尽人皆知，耳熟能详。

"良"也好，"贤"也好，都是褒义。

在成语中，颠倒过来说，意思并不改变的例子为数也有不少。然而，在中国，"贤妻良母"却没有颠倒过来，说成"良妻贤母"的。

细细想来，"贤妻良母"，或者是"良妻贤母"，并不是简单的文字游戏，也不是为了表达方便而进行的刻意倒用。说法的不同，似乎透露出些许两个民族文化差异的隐秘。

无论是说"贤妻良母"，抑或是说"良妻贤母"，我以为都不外是对为人妻和对为人母者的要求或期许。

然而，记作"贤妻良母"，还是记作"良妻贤母"，却反映了中日两国文化对如何做母亲做妻子的截然不同的标准。

贤，作为一种道德评价，实际上是从人际关系的范畴出发的。双音词中还有贤惠、贤淑、贤德等。

自古以来，在中国，家庭之内，主要把这种道德评判用以要求为人妻者。因为一旦成为人妻，便与一个家族，特别是过去的大家族的里里外外，结成了广泛而复杂的人际关系。如对内有夫妇关系、婆媳关系、妯娌关系等，对外也有邻里关系等。在这种广泛而复杂的人际关系中，人妻的贤与否至关重要。贤者，不嫉不妒，不吵不闹，不争不抢，内外和睦，通达事理，礼让三分之谓也。所以，贤被视作为人妻者最高的道德评价，好妻子于是也就有了"贤内助"之称谓。

　　而作为人母，贤固然重要，但并不是对做母亲的主要标准。因为做母亲，并没有像为人妻那样构成复杂的人际关系，而主要是相对单纯的母子关系。尽管母亲往往也兼为人妻，但那是另一个层面的观察。

　　为人母者，由于主要负担教育子女的责任，所以在道德评判上，对母亲的要求更为广泛与严格。良即好也，贤亦包括其中。良是一种涵义广泛而模糊的道德标准。几乎一切好的，善的，美的言与行，都可以称之为良。因而，为人母者，由于无时无刻不是对子女进行言传身教，故而对好母亲冠之以良。

　　"贤妻良母"一词，何时传入日本已不可深考，又何以变形为"良妻贤母"也难得其详。不过，究其原因，是不是有以下几点呢？

　　其一，日本人对于做人妻的要求甚于对做人母的要求。在中国，做人妻者，贤则可矣。而在日本，则要求妻子在各方面都好。这里面似乎还有更深层的文化背景可以探讨。

过去的日本女性，并没有像中国女性那样，被严格地束缚于礼教之下，所以，做人妻之不良者，居一定比例。

某种语汇的形成，不仅反映某种事实的存在，有时还反映了制作和使用语汇的人的某种期许。正如"中庸之道"在很大意义上是为了纠正中国人的偏激而提倡的一样。

另一方面，日本的家庭结构，父亲忙于在外的事业与劳作，无暇并且不愿顾及家事，与子女的交流很少，子女大多是在"父亲不在"的环境下，由母亲一手扶持呵护长大成人。这种客观环境，造成了许多日本男人一生也难以摆脱恋母情结与恋母习惯。所以，结婚成家后，也把中国人用来要求母亲的良拿来要求妻子，希望妻子也能像母亲那样无微不至地照顾他。

其二，与中国人正相反，日本女人一旦为人母，则从育儿到教子担于一身，与有孩童的邻里以及子女就学的学校，都构成了广泛而复杂的母亲的世界。在这个世界里，正如中国人的人妻处于广泛而复杂的人际关系之中一样。因此，不嫉不妒，不吵不闹，不争不抢，通情达理，礼让三分之贤，则至关重要。所以，在日本，最好的母亲被冠之以贤。

以上的分析，或有偏颇，但从"贤妻良母"到"良妻贤母"，或许多少折射了中日文化之间的某种差异，则当是不争之事实。

（1993 年 10 月 31 日）

樱花赋

"天何言哉，四时行焉，百物生焉。"

无论天变地异，无论沧海桑田，季节到了，便见花开。

一年一度，又是樱花盛开时。

无论是不满数尺的小树，还是高过层楼的大树，花开满满，密布在随着春风摇曳的枝头，像是金秋累累的果实。

日本的樱花有许多种类，有紧随着梅花、桃花绽放的寒樱、大岛樱，有漫山遍野的樱花凋谢之后才姗姗来迟的八重樱。八重樱朵大瓣重，有牡丹般雍容华贵的大气。不过，这些樱花虽然也同样美丽，但毕竟是樱花中的少数。

多数的樱花开在 3 月下旬，绽放的只是平淡无奇的小白花。然而，花前树下，让观者如堵，游人如织，流连忘返的，正是这一朵朵、一树树普通的樱花。那么，人们或许会问，如此普通的花朵，为何会引人瞩目，岁岁年年地期待，不失时机地观赏呢？

樱花如云。以云为喻，不仅形容樱花的颜色，洁白如云，也是摹其状。一树一树盛开的樱花，远远望去，挂在山间的，其状便若凝固了的云絮。近处环顾，缀在平野的，也让人如入云海。不过，如云的樱花，却无云的氤氲，只有微微传递的暗香。

樱花时节的富士山

　　樱花如雪。以雪为喻，也不光是形容樱花的颜色，洁白如雪，同样是摹其状。一树一树盛开的樱花，宛若雾凇，让人不由联想到雪。并且，樱花盛开时节，多伴有春风春雨。不解人意的风雨，固然催开了绚丽，继而又摇落了花瓣。樱花树上，犹挂半树雪，樱花树下，更是白白的一层，掩了绿地，宛若刚刚落下的小雪。

　　樱花如人。喻云喻雪，皆得其状，以人为喻，所取何在？樱树之花，在百花之中，普通至极，既无艳丽，又乏浓郁，就像平凡的人生。并且樱花的花期很短，几场风雨过后，便花容顿改，化作春泥。倏尔生倏尔灭，亦如苦短之人生。与人生如此契合，无言的樱花也便与人有了心灵的沟通。

花期时节，男女老幼、亲朋好友都会在樱花盛开的树下席地而坐，不畏料峭的春寒，对花饮酒欢聚。许多地方，在花期时节都会由当地的町会组织举办樱花节。欢声笑语对樱花，热闹非凡。其实，尽管赏花不分贵贱，但平凡无奇的樱花，让我觉得，樱花时节就是平民的狂欢节。大树小树，一样花开，没有阶层之分，同样绽放生命的华彩。与平民意识的自然契合，正是让很多人虽无明确意识却很喜欢樱花的一个理由。

在花季，人们赏花不舍昼夜。入夜的樱花，呈现出另一番景象。灯光映照下的樱花，由白入粉。密布之处，头上是花的穹庐。稀疏之处，一朵朵樱花则像是补缀在暗蓝色天幕上的刺绣。

对于盛开的樱花，历代的文人墨客有过不少贴切的形容。在我看来，樱花之美，是一种集合的美。不像是报春的寒梅，一枝悄绽，也不乏冷峻与幽香。樱花如果一枝独放，则平淡无奇。然而，满树满树盛开的樱花，则构成了一种动人心魄的壮观。

樱花的集合之美，在花中却不多见。普通寻常的小草，如果遍野相连，便成壮观的草原。满树满树盛开的樱花，也是树上的小草，构成的是樱花的草原。此亦如人，个人渺小而微不足道，但集结起来，便可移山填海，让世界改观。

不同于其他花卉，绿叶扶衬花朵。满眼枯黄，寒意料峭，樱花便在枝头独自绽放。樱花的开放，悄然而至，然而铺天盖地，"忽如一夜春风来，千树万树梨花开"的诗句，其实正可以用来形容樱花的开放。

轰轰烈烈的绽放，只不过数日，绿叶便从枝间生出。最初花瓣与树叶相间，远远望去，像是挂在枝头的残雪，是一种暗淡的微白。

樱花之落，也不同于其他花卉，不是在枝头枯萎，而是像回应着春的呼唤，在熏风中翩然起舞，然后悠然飘落，有一份从容。

花期之短暂，虽犹人生，然惜生哀死的人，又哪会像樱花那样走得从容、潇洒！以翩然的舞姿告别一生，走就走了，无须多情人葬花，回归大地，直作春泥。

怒放之后，潇洒谢幕，地上、草坪、湖面，一片樱花雪。

抬望眼，远近新绿如洗。樱花，用她短暂的一生，为人们送来了又一度的春天。

其实樱花并未死去，不过是换了一个装束，以郁郁葱葱替代了银装素裹。一季花期，完成了一度生命的轮回。等到春回大地时，生命之华又会再度绽放。

花开花落，生生不息。

（2012年4月初稿，2016年4月再订）

紫阳花开梅雨季

　　在北方生长的我，到日本之前，从未经历过梅雨季节。由于一直在干燥的气候环境下生活，最初遭遇梅雨季节，对那多雨闷热潮湿低气压，感觉特别不舒服。不过，人毕竟是环境的动物，长期生活于斯，工作于斯，不得不适应这种每年一度的梅雨季。

　　给梅雨季带来亮色的，不光是初夏过后的新绿，更有随处可见的大朵大朵盛开的紫阳花。

　　紫阳花据说是日本原产的野生木本花卉，日语名称的本义是"汇集蓝色的花朵"，因为紫阳花主要颜色是蓝色和紫色。当然，作为变种，也有其他各种颜色的。据说，花的颜色是由土壤的酸碱度造成的。不过，汉字的表示，却用了在日本最负盛名的我国唐代诗人白居易诗中的"紫阳花"。

　　白居易尚在人间时，六十七卷本的《白氏文集》，便已由留学于唐朝的日本僧人惠萼携至东瀛，对平安时代的日本文学产生了极大的影响。白居易有首题为《紫阳花》的七绝，题下自注云："招贤寺有山花一树，无人知名，色紫气香，芳丽可爱，颇类仙物，因以紫阳花名之。"诗如下："何年植向仙坛上，早晚移栽到梵家。虽在人间人不识，与君名作紫阳花。"

由此可知，"紫阳花"之得名，源自香山居士。

然而，此花非彼花。香山居士命名者，与日本原产者本不是同一种花卉。不过是喜欢紫阳花的日本人，由于形色相近，借用了熟悉的白居易诗中的花名而已。

在日本生活了几年之后，便发现了一个对日本人来说不言而喻的规律。每当紫阳花开，梅雨季就到了。虽不愿意过这个时节，却期待着紫阳花开。

日本电视的天气预报报得很详细。昨天就说，明天东京地区进入梅雨季。由于还从预报得知今天下午下雨，并且是连续几天都是阴雨，便利用周日休息，趁上午雨还没下起来，赶紧出去散步，完成每个周日行走一万米的自课。这次行走，顺便还把相机带上了，沿途拍摄了紫阳花和其他一些风景。

紫阳花开得花团锦簇，有着牡丹花一样的形态，却不带牡丹的富贵气。大花小瓣，颜色朴素，倒是带有一些平民气。在平民意识浓厚的日本，这种看似平凡的花卉，让日本人很喜欢的原因，大概也在于此吧。也由于这种感觉，我把紫阳花称作平民的牡丹。像樱花盛开的季节一样，在日本不少地方，也在紫阳花开时节举办紫阳花节。"平民的牡丹"，除了给人以赏心悦目之外，还给了人们一个制造欢乐的由头。

不敢肯定是日本原产，因为在中土，这种被一些人称作"绣球"的花卉也寻常可见。只不过没有在日本开得这么应时而普遍，被人们欣赏和注目。

（2010 年 6 月 14 日）

"菖蒲秀端午"

　　进入近代的日本，脱亚入欧，历法亦改行西历。不过，从中华传来的时令节日，由于实行了上千年，已经成为日本文化的一部分，所以，并没有移风易俗，而是移花接木，将农历的日期原封不动地移到了西历。比如，日本最隆重的节庆就是元旦 1 月 1 日，被称为正月。其实真正的大年初一、中国的春节还要大约过一个月才到。端午节也移到了阳历 5 月 5 日，不过，已不叫端午节，改称男

"男孩节"的鲤鱼旗

孩节。这一天的前后，许多地方以及一些有男孩的人家，都飘荡着鲤鱼形状的旗子，期待着男孩有出息。这大概也是源自鲤鱼跳龙门的传说。

由于日本不过农历端午，也无假日，没有一点节庆气氛，让多数居住在这里的华人记不起这个传统节日。不过，日本的许多地方大量种植菖蒲，作为花卉观赏，还给端午留下了依稀影像。地处温带的日本，跟国内多数地域时令类似。所以，菖蒲花盛开的时节，也就是临近端午了。宋人朱翌就有"菖蒲秀端午，黄花作重阳"的诗句。

在古代，时逢端午，有饮菖蒲酒的习惯。宋人谢逸在《端午绝句》中写道："老妻稚子知人意，但把菖蒲酒细倾。"而在端午自斟自饮的南宋诗人杨万里，也觉得那一天的菖蒲酒分外香醇："团粽明朝便无味，菖蒲今日么生香。"（《端午独酌》）甚至病中的陆游，"病来一滴不因酒，但嗅菖蒲作端午"。可见，由于季节的缘故，菖蒲与端午密不可分。

中国古代的这种习俗，也传到了日本。直到现代日本，在一些地域，还有泡菖蒲澡的习惯。

不过，日本人喜欢菖蒲还另有原因。菖蒲的日语发音，与"尚武"的发音相同，菖蒲的叶子也类剑形，所以在镰仓时代开始被广泛种植观赏。与此相关联，端午作为男孩节，武士盔甲、刀剑模型和武士偶像，也成为节日的装饰品。

菖蒲花开端午来。

（2010年6月13日）

列车晚点

日本是一个车的世界。不过，尽管几乎家家有车，但在城市里平日却很少有人开车上班，大多利用便捷的电车或地铁通勤。

在东京，电车或地铁网络交织，不及之处，也有公交车作为补充，方便至极。

自家车的用途，则多是用于主妇日常购物，或是假日出游。平日路上所见，也以运货卡车为多。

电车或地铁等公共交通工具也很准时，极少晚点。因此，我都是踩着点出行。若是到一个不熟悉的地方，事先上网查好所需时间、换乘方式与到达时刻，基本没有迟到之虞。

自然，一年之中，也偶尔会遇上几次因意外事故的列车晚点。对于晚点信息，各个车站和一些新型电车，都以电光板滚动显示的方式，并辅以反复广播，进行通知。这种通知，不分经营的铁路公司，普遍告示。这给需要多次换乘的乘客带来很大便利，可以提前有所准备，迂回换乘其他线路的车辆，避免误时误事。在通知时，还总是反复向乘客表示歉意。

遇有晚点，在乘客出站时，只要需要，都可以拿到一张晚点证明，乘客持此，就能够向单位证明，自己并非无故迟到。

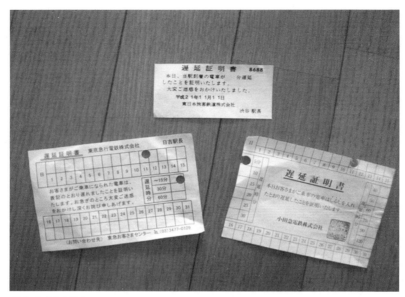

列车晚点证明书

　　年末整理物品，发现了夹在书中的几张这样的晚点证明。这是上课时迟到的学生交给我的，过后无意夹在了书中。

　　这种晚点证明，各个铁路公司设计得也各具匠心。细细看上去，觉得很有意思。

　　东京急行电铁公司的晚点证明印有一个月 31 天的表格，还分15 分、30 分、60 分三档印有晚点时间。车站在给乘客发放时，在日期与晚点时间处打上孔。此外还印有一段语言说明：

　　　　尊贵的客人乘坐的电车，如所示晚点，特此证明。急于赶路之时，给您带来很大麻烦，谨致以深深的歉意。

小田急电铁公司的晚点证明同样印有一个月 31 天的表格，但在晚点时间表示上更为详细。在 30 分之前，是每隔 5 分一个表格。此后还分别有 40、50、60、75、90、120 这样晚点时分的表示。

简称 JR 原为国营的东日本旅客铁道公司，晚点证明最为简单，只有晚点年月日与站名，但同样没有漏下的，是道歉的语言。

晚点后的善后表示，体现了一种服务宗旨：乘客至上。

方寸小纸方寸心，既是证明，也是道歉。于细微处见精神。

列车晚点在中国，司空见惯，如家常便饭。这不仅是过去在国内时留下的印象，现在偶尔回国乘坐列车，也还会遇到。在国内高铁、轻轨、地铁快速发展的今天，如何避免晚点，其实也是一个不小的课题。而晚点后的善后表示，亦不可忽。幸毋以善小而不为。

与世界接轨，与文明沟通，更在于"软件"的完善。

（2010 年 12 月 25 日）

驾照新创意

　　时光如梭，转瞬五年过去。前几天收到驾驶证办理中心的通知，告知驾驶证即将有效期满，要求在生日前后一个月的期限内更换。

　　日本的驾驶证更新，可以在警察署办理，也可以在办证中心办理。趁着天气还不太热，周日一大早，就驾车前往离家只有十多分钟路程的办证中心。满以为早点去会人少些，大概人皆作如是想，结果到了一看，人山人海，车只能停到三百米外的停车场。然后，耐心排队领表、填表、缴费、测视力、拍照、听讲习，整整耗费一上午，终于拿到新驾驶证。有点悲戚，只因五年间闯过一次红灯被罚，这次丧失了取得金色优良驾驶证的资格。日本的驾驶证分绿色、水色、金色三种，根据驾驶经历，绿色发给刚刚取得的驾驶者，水色是普通驾驶证，二者有效期都是三年；金色是优良驾驶证，五年一更新。获得什么颜色的驾驶证，是根据有无驾驶违规和交通事故来决定的。无则升等，有则降等。不光等级有升降，更新之际，听交通讲习课的时间长短也不同，办证费用还有差别。

　　日本以前一直没有发行身份证，但却偶有需要证明身份的时候。此时，记录有姓名、年龄、住所的健康保险证或驾驶证，便都有了证明身份的法定效力。因此，不少人并不开车，但也要保留驾照，作为身份证明之用。所以说，驾驶证在日本除了作为驾驶资格证明，其他用途相当多。

拿到新驾驶证，发现驾驶证又多了一项用途。新的用途多在背面。原本驾驶证的背面只是警察用来记录各种事项的空白的"备考"，新驾驶证将"备考"栏缩小，而印上了驾驶人万一不幸身亡时捐献脏器的意愿表达。

日本是个汽车大国，今天听讲习时看到的数据，在全国一亿多人口中，有八千多万人持有驾驶执照。当年学车时，教练就告诫过我们，车是利器，也是凶器。日本一年就有近万人死于车祸。

日本的法律规定，捐献脏器需要捐献者本人表明意愿。但突如其来的死亡，又让有心捐献者来不及表明意愿。

如今驾驶证的背面印上了捐献意愿的表示，尽管看上去有些不吉利，但还真解决了无法了解本人意愿的难题。

人之本心，莫不乐生畏死。在日本，与死谐音的"4"，谁都不愿意用作车牌号，带有全是"4"的牌号，多是殡葬馆的用车。不过想想，除了孙悟空能到阎王那里勾销生死簿，人生谁能免死？刚到日本不久，买人寿保险时，内心总有些抵触，似乎是诅咒自己的不幸。但现在也坦然了，各种保险一大堆。其实，脏器捐献意愿的表示，也像是买保险一样，看上去似乎有些不吉利，但也是造福他人的善事。买人寿保险，多是面向家人。表示脏器捐献，则是社会公益。天道若公，必佑善人。

现将日本驾驶证背面新增的表示脏器捐献意愿的说明文字移译

如下：

使用以下部分，用以表明脏器捐献意愿（填写自由）。如若填写，请在从1至3条款前的数字上画圈。

1. 我在脑死或心跳停止后，皆愿为移植之用提供脏器；

2. 我仅限于心跳停止的死后，为移植之用提供脏器；

3. 我不提供脏器。

（若选择了1或2，如有不想捐献的脏器，请在如下脏器上打叉）

【心脏、肺、肝脏、肾脏、胰脏、小肠、眼球】

〈亲笔 署名〉

〈署名年月日〉 年 月 日

我觉得在驾驶证的背面增加这样的内容，实在是一种充满善意的巧妙创意，闪烁着人道主义的光辉。

他山之石，可以攻玉。在中国，汽车正飞速向家庭普及。看到报道，去年中国的汽车销售量名列全球之冠。福祸相倚，交通事故也同样在飙升。因车祸而死亡，的确是极大的不幸，然而，如果能用自己不可挽回的生命，做最后一次善事，让自己生命的一部分，以另一种方式存续在这个世间，也是极大不幸中的微幸。

我相信不少人都会有这样善良的意愿。不过，意愿需要有途径表达，善行也需要有规则组织。驾驶证的背面印上了这样的内容，让人们根据自己的意志来选择，的确是一个很好的方式。

（2011年5月24日）

红绿灯随想

一天，看朋友的博客写道："我的人生没有红绿灯。""人生的红绿灯"，好比喻！

作为一种交通规制设施，红绿灯到处可见，在日本的街道上尤其多。以致人们在指路时使用的，往往不是广告牌、建筑物、十字路口等标志，而是红绿灯。这样最明确。

常过红绿灯，由此也生出一些关于红绿灯的随想。

叫红绿灯，其实谁都知道，但信号灯并不只有红绿，在红绿之间还有一盏黄灯。红灯停，绿灯走，黄灯则是介于停走之间的一个缓冲。在绿灯结束之后，红灯亮起之前，有片刻黄灯，这黄灯便提示通行的车辆行人，即将是停止通行的红灯。

不过，对于这种交通的常识，不同国度的人却有不同的对待。

我喜欢开车。在通过路口的红绿灯时，若发现黄灯闪亮，一定会猛踩油门，快速通过。有时，跟在我后面一起开车出行的朋友，就会不断抱怨，叫苦不迭：你闯黄灯，我就得闯红灯。而我总有种见黄灯不闯心不甘的念头，尽管从未有人告诉我要这样做。大概一是性急使然，二是日常惯见。不用仔细观察，在通过信号灯时，日本人十个人开车，便几乎会有十个人闯黄灯，概率几近百分之百。

我就这样开了十多年车。对黄灯，最初是急于通过的闯，后来竟常常是不慌不忙地驶过，直到有一天被罚。有一天，我开车通过一个很小的路口，路上车很多，开不起来，看到黄灯，我便像往常一样慢悠悠地通过。大概黄灯亮了已经有一会儿了，所以当我通过那一瞬，信号就变成了红灯。在日本，不是所有的十字路口都有警察，但那天，在我通过的那个路口，偏偏站了个警察。闯黄灯还这样慢悠悠，无异于是向他的权威挑战。于是便将我叫住，指责我闯红灯，我理直气壮地说我过的是黄灯。不过，警察告诉我，闯黄灯也属违法。挨罚了款，学了知识，没记得在驾校时学过啊。

过后，跟人谈起这件事。一位在美国生活过的朋友，比较了日美间的不同，说道，在美国，人们看到黄灯亮了，大多会停下车来。而在日本，人们看到黄灯则大多无视而通过。

仿佛无声的黄灯对美国人说的是"停下"，对日本人说的是"快走"。

在日本，无论行人还是车辆，都特别遵守交通规则，所以事故发生率要比其他国家低得多。然而，唯独在闯黄灯上，几乎人人违法。法不责众，警察也基本不管闯黄灯。我那天是因为过得太慢才被罚的。

日本人闯黄灯，尽管是一种几乎近于无意识的违法，但我觉得也有其道理在。黄灯时不通过，接着便是红灯，等到下一个绿灯的到来，便要等好长时间。基于这样的想法，我尽管被罚过，但在安全的前提下，还是依然我行我素。

从这样的生活实践中，不难悟到，人生路上，其实是有无数的红绿灯的。红灯不能闯，绿灯无需停。可过可不过，将上将下，当此之际，便如开车过黄灯。闯过去了，便会减少一些等待。否则，面对的便可能是，机会丧失后的漫长等待。这就像是坐公交车或是乘地铁，抢不上这班车，只能等下一班。

有一天，我把这个感悟同一位国内来的朋友讲了，他思忖了片刻说，你说得很有道理。这里，讲的只是个小小的感悟，绝无教唆交通违章之意。并且，闯黄灯犹如打擦边球，还是有些危险性的，小心为妙。

（2010 年 8 月 24 日）

百年孤独

　　进入暑假，时钟的发条松弛下来，失去了平日的节奏。生活就像一条一直穿行于山地的湍急河流，走到了平原，开始缓缓流淌。小时、分钟，人为的时间刻度消失了，只剩下自然时间，白天、黑夜。

　　这些天，家人外出度假的度假，整日考试的考试，把我一个人抛在了这个称之为家的孤岛。真的，与鲁滨孙所处的荒岛无异。甚至比鲁滨孙还不如，至少鲁滨孙还有个星期五做伴。不开电视，不来电话，充满着令人窒息的静寂。窗外偶有的人声车喧，才让你领悟到尚在尘世，并未离群索居。

　　尘世大隐，暑假闭关。

　　不担心第二天的迟到，不担心晚起误事，精神放松心休假。于是，起居无定，时序颠倒。翻书，上网，写字，即使到了凌晨，也无人干涉。怠极，倒床便睡。醒来已近午时，犹恋床笫。

　　夏日迟迟。

　　午时早餐，一杯奶，一片烤面包，一条腌黄瓜。平日的煎蛋、火腿省略，一个人懒得弄。不过，咖啡不可少。咖啡粉，水量，精心搭配。然后，嗅觉、味觉，一道品尝。

暑期亦非全然无事。学校有一星期修完一学期的集中讲座要上。

　　在讲座第一天的课后，一个学生给了我一张报纸剪报复印件，是关于他的报道。过后，我读了剪报上篇幅并不短的报道。

　　这个 29 岁的年轻人在外祖母去世后，担心年近百岁的外祖父一个人无法生活，便离开自己父母家，搬去东京跟独居的外祖父一起住。尽管远在横滨的妈妈有时会来送饭，但日常照顾起居都是这个年轻人。除了做饭，每天晚上将老人抱到浴缸洗澡，入浴后擦拭、涂药。直到让老人入睡，要用上一个半小时，然后才能享受夜的宁静。照顾老人的同时，年轻人一边学习，一边打工来挣生活费用。后来，老人摔伤，年轻人中止了自己喜爱的戏剧学习，告别了舞台，并辞掉工作，专心照顾老人。

　　年轻人并不以此为苦。他说，他可以听外祖父讲述许许多多百年间的逸事趣闻。年轻人很喜欢自己的外祖父。他小的时候，父亲工作忙，平时都是在大学工作的外祖父照料他，辅导他学习，用自行车带着他玩。

　　今天的社会，亲情疏离，人情冷漠。年轻人照顾自己的外祖父，固然是出于报恩和对老人的爱，但这种献身般的奉献精神与行动，还是极为难能可贵，让人感受到人性的回暖。

　　年轻人由于学习戏剧，因而主修了意大利语。在去年的意大利语讲演比赛时，年轻人以《百年孤独》为题，讲述了自己的经历，讲述了自己的外祖父。在讲演的最后，他告诉听众，他的外祖父也来到了现场，就坐在最后一排。被他的讲演深深感染的听众，将目光投向后排，向着老人报以热烈的掌声。

或许正是由于这次讲演，才有了这篇报道。这位年轻人的名字叫服部晋。

第二天上课，见到服部时，首先向他诉说了我的感动。然后，问起报道中提到因中风住院的老人的情况。他面容悲戚地告诉我，老人已经在几个月前去世。目前，他正执笔写作《百年孤独》一书。我祝愿他的书早日完成。

为何我在讲述暑期散漫的生活时，插入了年轻人服部的事呢？

服部在讲演中说到，长寿是种幸福，同时也伴随着孤独。暑期一个人独居，服部的话，老人的人生，让我有所感触。

人都祈望长寿，但也必须忍受孤独。无论在日本还是中国，独居一人在房里无声无息地死去，无人知晓，当发现时，已成白骨，这类惨剧时有发生。

不限于独居一人事实上的孤独。即使是有儿有女，人人都很忙碌，又有代沟，老人也缺少谈话的对象，笼罩着深深的精神孤独。

老龄社会，日本已经进入，中国即将进入。老人问题，日益凸显。

长寿是福，如何排解孤独？

吾今尚未老，姑且做杞忧。

（2010 年 8 月 1 日）

信任的盲点

人言为信。对"信"这个会意字，《说文解字》作如是训。或许这反映了远古先民的淳朴诚实，还或许是造字者在业已生出欺诈后的一种道德祈求。早在《诗经》中，便有"信誓旦旦"一语，"誓"也是言，《说文》释为以言约束，因而后来会有"誓言"一词的出现。可见，信与誓，都是一种口头行为。

关于人之初性本善还是性本恶，素有纷纭。不过，人际交往的不文律，无疑是以互信为前提的。互信，还不是口头契约，而是一种心灵契约，因为是不言而喻。这种人际关系表征，在传统的农耕社会尤其明显。进入近代工业社会，这样互信的人际关系，被求益逐利的商业竞争所动摇，因而白纸黑字的契约在许多方面便取代了心照不宣的互信。不过，传统也好，现代也罢，在任何社会，无论如何，冷漠的契约都还替代不了温情的互信。

尽管人际互信原本是传统社会的基本特征，很不可思议的是，在商品经济发达的现代社会里，反倒在无形中把持着信任。常听到许多在日本的中国人议论日本人，说日本人傻。证据是，同日本人一起工作，用点狡黠，扯点小谎，就会把日本人糊弄得深信不疑，屡屡得逞，目的达成。然而这类小伎俩在国内施用，则往往会捉襟见肘，漏洞百出，难以行得通。每每听到这样的议论，都会隐隐觉得有些痛心，担心有谎言揭穿信赖全失的一天。其所失，不仅是个人之失，还让中国人的声誉受损。同时，这些话也让我意识到，在日常生活中，一般日本人是把信任对方作为前提的，所以相信对方所言。

信任，不言而喻的信任，无所不在。不仅存在于熟人之间，也存在于素不相识的陌生人之间，甚至还存在于组织与团体之间，政府与民众之间。

信任也是一种和谐。然而，信任到了不辨真伪，那便是盲信。由此，信任便生出盲点。

日本号称是世界第一的长寿之国，百岁老人比比皆是。不过，近日却爆出丑闻。许多百岁老人不过是户籍上的名字，本人甚至已经在二三十年前便已去世，子孙享受其养老金往往多达上千万日元，并且每年照领市政府寄来的长寿贺礼。

偶然的因素，这样的事被披露出来。市政府的工作人员按户籍登录的住所去访问老人时，子孙支支吾吾，根本看不到老人。而有的户籍登录的住所，前往调查一看，发现连建筑物本身都早已不复存在。

这件丑闻自揭露后，近些天报道得纷纷扬扬。迄今为止，日本全国各地已经确认有45例空名的户籍百岁老人。

固然，公职人员的官僚作风是不察的原因之一。但其根源不能不说是遍及于全社会的无所不在的信任。就拿每年一度的税金申报来说，税务署基本上就是按你的申报来收税或返税。税务署的前提大概就是每个人都是守法公民，不会偷税漏税。当然，这种信任适用于多数人，但也让少数人有机可乘。盲目的信任不仅让国家的税金流失，也对多数守法公民形成不公。

还是惯见黑暗的鲁迅头脑清楚。在《记念刘和珍君》一文中，他就说过"我向来是不惮以最坏的恶意来推测中国人的"。其实，各国之人固有所异，人性一也。在道德与利益的天平上，过大的利益往往会让天平倾斜，道德会显得无足轻重。人性的弱点，让很多人难以抗拒利益的诱惑。

因此，传统社会生出的温馨信任，实在不抵一纸冷漠的契约，不抵严厉的法律条文。所以，我以为契约与法律的存在，正可以在很大程度上防患于未然，消除信任的盲点。

（2010 年 8 月 7 日）

【后续信息】据报道，截至 2010 年 8 月 13 日的调查显示，日本全国百岁以上却去向不明的"空头"老人已达 279 人。据 2010 年 8 月 26 日《朝日新闻》报道，仅大阪市 120 岁以上的户籍老人就达 5125 人，其中年龄最大的已达 152 岁。

敬畏生命

2008 年，日本上映了一部电影，叫作《养猪教室》。这是根据真事拍摄的电影。原作者黑田恭史曾根据担任班主任的经历，写过一本书，题为《小猪与 32 个小学生：生命教育 900 天》。电影就是根据这本书改编的。

班主任黑田想让孩子们懂得珍视生命，便让班里的孩子们养了一头小猪。当然前提最终还是，让养大的小猪成为食用的肉猪。

几年过去，伴随着小猪的成长，孩子们也临近毕业。养大了的小猪如何处理，孩子们意见纷纭。像养宠物一般，在几年的饲养中孩子们对小猪已经产生了感情。因此，多数孩子主张把小猪送给低年级继续饲养下去。但也有不同意见，认为这样做无疑是把处理的责任推给了低年级同学，而作为肉猪食用也是对生命的珍视。

在毕业之前，孩子们一直为小猪的命运争论不休。

最后，还是由老师黑田决定，把猪送到了肉食加工厂。

无论是书，还是电影，对于这样的处理结果都没有予以臧否，对与错不置评说。因为效果已经达到，从 900 天的饲养到最后的处理，让孩子们认真地面对了食物与生命这样严肃的问题。过程往往比结果重要。

这里的生命，不仅仅包括万物之灵的人类，草木鱼虫，飞禽走兽，皆有生命。

爱惜生命，并非是彻底"君子远庖厨"。不吃不喝，人的生命便无法延续。佛教讲不杀生，但即使是吃素，也是消灭了一些生命。

似乎这是一个两难。

我们人类其实每天都以无数生命消失的方式，维持着自身的生存。对所有作为人类的食物牺牲的生命，我们都应当充满敬畏。没有这些生命，也就没有了人类。可以大快朵颐，满足口腹之欲，但应怀着感恩之心、敬畏之意。敬畏的方式就是不浪费食物。

关于不浪费食物，自古以来，有许多诗文乃至谚语的教诲。比如人们熟知的唐代《悯农》诗："锄禾日当午，汗滴禾下土，谁知盘中餐，粒粒皆辛苦。"还有"一粥一饭，当思来之不易"的谚语等。

不过，仔细想想，上述这些中国自古以来的认识，都是以悯农为出发点的。告诫人们，农民生产粮食的不易，不应当浪费。

万物皆有灵，皆是不同形式的生命存在。从敬畏生命的角度来思考人类的食物，这当是更高的境界。

人类与万物共存。所谓保护环境，维护生态，都是为了人类更好的生存。当地球只剩下了人，就离人类灭亡的日子不远了。人类，也是生物链中的一环。

且不论典籍真伪，古老的《尚书》中，就有了"暴殄天物"一词。《武成》篇云："今商王受无道，暴殄天物，害虐烝民。"

"害虐烝民"是说残害人，"暴殄天物"则是指残害人以外的其他生物。对于"暴殄天物"，唐代孔颖达疏云："普谓天下百物，鸟兽草木，皆暴绝之。"这是具体的解释。而汉代孔安国的抽象解释则更有高度："暴绝天物，言逆天也。"

　　逆天形同自绝。暴殄天物，其实就是对人类自身的残害。

　　珍视生命，良性循环，在这个星球上，人类与所有生灵和谐共荣。除了生命，还有无生命之资源，也在珍视之列。

　　敬畏生命，并不是一种宗教意识，而是普遍的情怀。

（2011 年 12 月 20 日）

民主的暴力

民主不是神话，不是包治一切社会弊病的灵丹妙药，民主只是一种规则。既然是一种规则，那就是在一定背景下产生、一定环境下实施的东西，并不具有百分之百的普适性。据讲英国首相丘吉尔曾经在评价西方民主制度的时候说过："人类历史上，民主制度有很多缺点，但还没有比民主制度更好的制度。"这种说法被人们归纳为，民主是一种最不坏的制度。

民主制度的确有其缺陷。民主的反面是专制。然而，作为民主基本原则之一的多数可决，有时则违反了民主的另一原则，那便是平等。因为多数可决往往体现为多数对少数的压制，而多数并不总是代表着正确、公平。这也是由于多数的形成背景比较复杂。比如，选举所获得的多数，可能是被蒙骗的多数，可能是利益诱惑下的多数，可能是在群集心理效应下产生的多数，甚至是被操纵的多数。民主规则的表象之下，往往掩藏着专制的潜规则。

舆论也与多数有关。无论是专制还是民主，在任何社会，舆论都是被重视的东西。而舆论这东西，自然形成者少，人为制造者多。舆论和民主都是中性的东西，既有正面效应，也有负面效应。

具体举例来说，在国外常常遇到一些征求签名的活动，这种签名甚至都征求到了家里，敲门请你签名，有时碍于邻里的面子，有时出于匆促，有时被提示的导向所惑，签名未见得都是正确的。因为这种签名，毕竟不像签署购房或者就职契约，会花时间去从容研读，审慎落笔。所以，我在大学的校园中，经常可以看到竖立着这样的牌子："要留意并拒绝性质恶劣的征集签名。"这是校方对学生的提醒。

可见人们实际上都很清楚，签名所反映的舆论，有时未见得正确，甚至是性质恶劣的。动辄几十上百，甚至成千上万的签名，有时也是对民主的滥用，实施的是数量暴力，为达到某种目的的施压。貌似众多签名的背后，总有推手存在。

有人说过，民主不是熟人社会的东西。的确，党同伐异，呼朋引类，貌似民意的多数，让民主大打折扣。还拿签名来说，动用各种手段征集来的签名，有人情，有盲目，不过是徒以声势压人，签名的数量其实与事实往往无关。

前两天，日本刚刚进行了参议院的改选。选举结果是，执政党的民主党失去多数议席，在野的第一大党自民党占据了多数。这便让人们担心，曾经有过的闹剧必将会再度上演。几年前，还是在野的民主党控制了参议院的议席，凡是当时执政的自民党提出的议案，在参议院中基本通不过。这种状况造成了日本政治的混乱，也导致了长年执政的自民党的下野。从形式上看，这完全是在民主的程序下实行的多数否决。不过，体现的则是党同伐异。民主，也有它的无奈。

仔细想来，民主的设计其实是一种忽略流弊的理想设计。实际的施行，因人因地则可能让设计变形，甚至变质。民主通过多数人的意见来进行抉择，似乎是一种民智不发达时代的原始方式。在科学昌明、民智发达、法制臻善的今日，无须多数人也足可正确抉择，也足可制止少数人专制，倒是需要智慧来应对多数人的暴力。因此，实在需要从程序公正等方面来反思民主这种最不坏的规则。我总觉得中国古代的思想家有不少闪光的思想值得借鉴。

面对最不坏制度下的多数，是耶非耶，唯有冷静清醒，

以公道正义的理念，透视其前生今世，理性分析，不惑于表象。然后，从我良知。

（2010 年 7 月 11 日）

"什么都有，就是没有希望"

　　几年前的 11 月初，日本的文化节期间，学校休假，在家读村上龙。在日本，他与村上春树并称"两村上"。

　　读他的《希望之国》，用了整整两天。

　　《希望之国》(『希望の国のエクソダス』，中文版，浙江文艺出版社，2013 年 2 月）作于 2000 年，写的却是 2001 年到 2007 年的近未来。

　　村上在小说中虚构了这样的事实。2001 年，日本将近半数以上的中学生开始不去学校上课。一个周刊杂志的记者，通过偶然的机会，认识了其中的一个中学生，故事由此展开。

　　小说是从周刊记者的视角，以第一人称进行的叙述。

　　如果指望从小说看到细致入微的心理描写或动人心魄的矛盾冲突，一定会十分失望。这些小说通常的构成要素一概没有。

　　这部小说的写作方式颠覆了中国人通常对小说的认识。小说居然可以这样写！然而，对日本人来说，这样的写作方式，恐怕并不陌生，就是通常的政经小说。

　　政经小说，是透过小说的方式，来表达作家对政治或经济的认识。

把小说中稀薄的故事情节剔除，《希望之国》甚至可以成为一部关于日本政治、经济还有教育研究的专著。

这样的小说很难读，要当作研究著作来读，需要边读边思考，小说中的情节不过是作品的调味料。

小说通过第一人称的叙述者与他的经济记者女友的对话，以及自我叙述、与其他人对话，对国际金融格局下的日本经济作了深刻的分析。

大量中学生为什么要离开学校？出于对教育的深深失望，出于对大人规范的逆反。十四、五岁的孩子们在各地组成了地下团体，运用互联网技术和几十万可以动员的中学生，创建了庞大的信息产业。他们的眼光从一开始就超越了日本。新的媒体运作，让他们拥有了数以兆计的资产。他们雇用大人办学校，来进行自我教育。他们发布的信息调查数据，甚至在经济危机突然到来之际，实际上挽救了日本。

最后，他们移师经济不发达的北海道，买下土地，在那里建立了一座完全环保型的城市，风力发电，使用电动车。还发行电子货币，与国际经济紧密结合。自己发行债券，不要国家的一分钱财政补助，并且还帮助了北海道的其他城市。城市中800多名警察中，有600多人曾是他们团体中的特别行动队成员。这些警察还驱逐了不请自来的不受欢迎的人。这预示着他们拥有军队武装。

孩子们建立的这座城市，俨然成为日本的国中之国。小说的最后，说已经从孩子长大的年轻人又准备前往冲绳开拓。

小说虚构得很真实，宛若一篇报告文学。在大量的议论之中，小说若隐若浮的线索，牵引着读者往下读。

小说的价值超出了虚构的故事本身。其价值在于深刻地剖析了日本经济结构的缺陷，透露了夹在美国和中国之间日本经济的困境，揭示了这一曾经是第二大经济强国的停滞与没落。对于富裕的日本来说，村上借小说人物之口说出了振聋发聩的话语："这里什么都有，就是没有希望。"

村上实际是想通过这部小说给日本如何走出困境开处方，提示应当改革教育，重视发挥年轻人的潜力。"一个 12 岁少年发射出的子弹，同样可以使人致死"，作者还借小说人物之口说出了这样的话。运用经济手段，使用先进技术，在全球一体化的今天，超越国境，纵横捭阖，建立一个独立而又与外界充满联系的理想国。这可以说是小说作者的希望。

这里什么都有，就是没有希望。物质丰富的社会，人们如是感叹。没有达到什么都有的社会，人们更不能丧失希望。希望在脚下，希望更在不拘一格成长起来的下一代。这对任何地域的人来说，都同样重要。人为希望而活，希望就是梦。丧失了希望，除了绝望，还有麻木。没有希望的人生，形同行尸走肉。希望是朝阳即出的一缕霞光，希望是黑夜中扑奔的一星灯火。

村上龙在日本很红，我的两个孩子说，他红得莫名其妙。读了这部《希望之国》，我知道了，村上龙红在人们渴望找到希望上。

这部小说已经出版了十多年。2000 年，互联网刚刚普及不久，那时我也才用上三四年。书中讲到的电子货币以及信息交流，在今天看来很普通的事物，那时还多数停留在想象的阶段。村上的意识很超前。

《希望之国》的中文版，译者是友人赵晖老师，她翻译过多部日本的文学作品，颇得好评。今春临近开学，我从国内讲学归来，在成田机场巧遇，她匆匆塞给了我这本新译著。很惭愧，时至今日，刚刚阅读。

由于小说充满了经济金融等专业知识，翻译起来一定相当困难。然而流畅达意的译笔为中国读者扫除了不少阅读障碍。并且，中译本比原著有了增加。不过不是小说的内容有了增加，而是译者增加了不少注释。对于作品母语国读者不言自明的常识，外国读者就可能产生阅读障碍。对这些方面，知识丰富且熟知日本的赵晖老师为小说添加了不少注释。感谢赵晖老师把这部小说翻译出来，介绍给国人，让国人一起思考希望。除了思考希望，还有方法上的启示，思想，乃至学术，还可以通过文学的方式表达。

（2013 年 11 月 4 日）

读报说热泪

8月15日，六十八年前的今天，昭和天皇通过广播宣读终战诏书，接受波茨坦公约，无条件投降。每年的8月15日前后，日本的电视和报纸关于战争的话题便多了起来。

我的读报习惯，喜欢先看印在报纸头版下部的编辑随笔。《朝日新闻》的编辑随笔叫作《天声人语》，每天固定是简洁的603字。《天声人语》在日本很有名，高考出题常常从中选择。《日本经济新闻》的编辑随笔则选用了一个中国古老史书的名字，叫作《春秋》。在通史课上，我每逢讲到《春秋》，都不会忘记考考学生，编辑随笔题为《春秋》的是哪家报纸。不少学生答不上来，可见日本的大学生读报的并不多。

今天《日本经济新闻》的《春秋》，内容果然与战争有关。开门见山就是一句"热泪滂沱不止"。这是复述1945年8月15日当天一个日本人听到天皇的广播后的反应。然后编辑就滂沱的热泪进行了分析阐释。

编辑写道："这是无望的泪，悔恨的泪，愤怒的泪，也是幻灭的泪，虚脱的泪。"

阐释了滂沱的热泪，编辑又写道，那场战争让日本310万人死于战祸，按当时的人口计，平均25人中就有1人死亡。在当时，死亡成了日常光景。

编辑深沉地指出，虽然已经过去了六十八年，但对昭和战争过错的反省，依然没有成为过去。读了上述文字，我的感受是，战争虽然远去，经历了战争的人们及其后代，并没有忘记战争。社会的构成虽然复杂，左中右皆有，但战争带给人类的伤害是刻骨铭心的。每年进入8月，6日和9日，广岛和长崎爆炸原子弹的那一时刻，日本室外的高音广播都回荡起钟声，让人们为死难者默祷。在日本，没有经历战争的几代人中，拥有良知的人其实并不在少数。由这则编辑随笔便可见一斑。

二战，这场人类史上最大规模的惨烈厮杀已经成为历史，中国人为了保卫家园，更是付出了3000多万人的牺牲。3000万和310万都不是冷漠的数字，是曾经鲜活的生命，是一个个家庭的父母姐妹弟兄。不分民族、国别，死亡的都是人。

人是这个星球最为高等的生物，但厮杀起来比起最为低级的动物还野蛮。自有文字以来，人类已经有了几千年的文明进化，至今科技进步到了可以飞向太空。但这个地球却一直没有平静，战争这柄达摩克利斯之剑一直悬在人类的头顶，像梦魇一样纠缠着人类。

能源、环境，人类需要应对的生存危机已经很多，如何保护我们赖以生存的星球，如何为子孙留下一个安乐的家园，应当成为这一代具有高度智慧的人类的最大课题。让战争这一恶魔的诅咒远离人类。

想想生如飘蓬、命如草芥的时代，想想"白骨露于野，千里无鸡鸣"的境况，在和平年代，生活平静地流淌，慢慢地老去都是一种幸福。

因此，回到编辑随笔阐发的热泪种种，我想还有一层意思，编辑没有阐发出来。在终战那天滂沱不止的热泪，其实对于无辜而无奈地卷入战争的普通人来说，还是一种终于结束了的解脱之泪，一种可以望见生活光亮的期待之泪，一种迎接新生的喜悦之泪。

（2013 年 8 月 15 日）

呼唤理性与良知

今天，在网上读到一篇刚刚被迫辞职的日本前驻华大使丹羽宇一郎的文章（文章原载《青年参考》2013年1月2日2版），颇有感慨。

* * *

众所周知，丹羽被迫辞职的原因，是他对石原购岛计划发表不同意见而遭受来自右翼的猛烈抨击。

丹羽在担任大使期间接受英国媒体采访时，针对东京都的"购买"钓鱼岛计划，指出"如果按照石原知事的计划实施购岛，日中关系将遭到重大危机"。

后来的事态发展，让丹羽不幸言中。中国一些地方出现"反日"风潮，日本也出现了反华浪潮。中日关系冷却到了恢复邦交以来的最低点。这一切不仅使中日双方在经济上都遭受了重大损失，更是极大地伤害了两国民众的感情。

作为大使，丹羽发言的出发点是维护日本的国家利益，他回顾说："我并不想评价石原的计划是好是坏。不过，我确信在当时的情况下推进购岛计划对日本无益，所以才会那么说。"

维护国家利益的言行有各种各样，丹羽的发言无疑充满理性。

难能可贵的更是，丹羽对于日本国内舆论对石原购岛言行缺乏反对声音的忧虑。他说道："与被批评相比，日本国内对于购岛计划没有出现各种声音更让我吃惊。"

丹羽为什么会吃惊？他接着说道："听起来可能感觉有些极端，但这种氛围让我感觉有点问题。这是因为原本应该言论自由才对，但为了明哲保身，每个人都小心翼翼、噤若寒蝉，营造出一种不能自由发言的氛围。是害怕遭到批评吗？我也被批评啦。家里还多次接到恐吓电话。这与第二次世界大战前的氛围很相似。如果在这里不能突破，历史还会重演。"

"历史还会重演"，这几个字，犹如重锤敲在每个认真思考的读者心上。

民主的氛围，就是自由发言的氛围。从战前军国主义专制中走出来的日本，已经在一定程度上实现了民主。战后几十年的民主教育，已经让民主成为国民的一种日常行为准则。尽管如此，各种形式的专制依然会死灰复燃。媒体的恶意诱导，极端的民族情绪，随波逐流的大众反应，都有可能对民主造成伤害。

民主需要理性与良知来细心呵护。

* * *

友谊可以培植，仇恨也会生长。关键是向哪个方向引导，如何施肥浇水。

丹羽的文章还提到，他主张向中国增加政府开发援助（ODA）的发言也遭到了批评。对此，他在文章中披露了日本对中国开发援助的具体用途："我并不是为了帮中国修路造桥才主张增加

ODA。各位知道对中国的 ODA 作何用途吗？是通过国际协力机构（JICA），委派 70—80 名年轻日本志愿者进行为期两年的志愿活动，包括到中国各地担任日语老师、进行看护援助等。用于志愿者活动的人工费和活动费正在逐渐减少，我只是想增派一些可增进日中友好的志愿者。"

中日关系恶化，伤及两国普通民众感情，使彼此都对对方国家缺少好感。

破冰融冰需要温度，需要温暖。丹羽认为："让中国人了解日本人的最有效办法就是通过志愿者活动等，增加与中国人的接触。'日本人＝大坏蛋'的观念根深蒂固，与初次接触日本人的中国人交流并非易事。但是，为期两年的活动结束后，日本志愿者无一例外，全都哭着与中国人依依惜别。与志愿者接触过的中国人，对日本人的想法确实发生了改变。我希望能增加这种活动。"

透过丹羽这番话可以清楚知道，他是想通过日本政府出钱，让年轻一代日本人与中国人实际接触，一点一点来改变日本人对中国的错误认识，让彼此增进了解，来增进友谊。他的用心可谓良苦。

让心中的冰溶解，丹羽的努力可能微不足道，但的确是切实可行的做法。如果两国的各界人士都从点滴做起，增进了解，培植友谊，友谊之树一定会根深叶茂。

中日两国在地理上、文化上有着分不开的宿命，没有理由不友好相处，否则就会两败俱伤。人心伤不得。

* * *

丹羽的文章还提到一件事，或者说一个现象："担任大使时，我走访了中国各省市。令我吃惊的是，任何地方都在播放抗日节目。剧情全都千篇一律，身穿军服、佩带军刀、手持手枪的日本军人是大坏蛋，最终被共产党打得落花流水。在中国的地方，'日本人＝大坏蛋'的观念根深蒂固。这是很严重的问题。"

面对这个现象，丹羽不仅向自己发问"该如何改变"，并且还切实进行着努力："我每次会见中国政府政要时都会呼吁'这太不正常了，希望能够改善'。我还到大学与大学生们进行过自由讨论。"

丹羽提出的问题也需要国人反思。

诚然，历史不应忘记。但我们需要把什么样的历史传达给民众、传达给后代？

曾经发生的事实，一旦成为历史，便化作了一种记忆。作为记忆，既有真实的部分，也有模糊的部分，还有扭曲的部分，更有后来形成的幻觉部分。如此说来，记忆是一种可以制造的东西。电影、电视、小说等各种媒体都可以制造记忆。不断重复的刺激，便成为一种似乎是曾经真实发生的事实。这在心理学上叫做"幻觉记忆"。对于每个人来说，幻觉记忆往往比真实的事实更清晰、更鲜明。"幻觉记忆"不仅在每个个体身上存在，还会集体存在。

对于历史事实来说，"幻觉记忆"就是伪记忆，需要历史学家认真鉴别，加以剔除，把真实的历史，客观地传达给公众，传达给后代。任何戏说都是对历史、对先人的亵渎。

什么人是坏蛋，跟国家地域无关，跟民族人种无关。任何国家地域，任何民族人种，都有好人和坏人，不可一概而论。人性的问题很复杂，不能非黑即白地幼稚判断。作为一半是天使一半是魔鬼的人，不同的环境下激发出的人性大不一样。在战争这种残酷的环境下，激发出的多是人性中恶的一面。环境改变了，失去了激发恶的一面的环境，则自然会大多向善。所以也不必奇怪，平时彬彬有礼的日本人，在家往往是好儿子、好父亲，在公司往往是好员工，为什么到了战场上，变得那么冷血残暴。战争使然。战争不仅使日本人变得如此，其他国家的许多人都会这样。为了遏制人性中恶的一面的产生，我们需要呵护和平，我们需要增进理解，我们需要友好往来。

* * *

丹羽在文章的最后提问："因为与中国关系恶化，就削减预算、取消活动。这样做真的好吗？"对于这个问题，他没有给出答案，而是提出了建议："政治、经济和外交到底为了什么呢？都是为了国民的幸福吧，想必没有人反对这个观点吧。应该回到这个出发点更多地去发言和讨论吧。"

政治、经济和外交的目的，都是为了国民的幸福。我祈望所有的政治家都具有这样的意识。

* * *

赞许丹羽，呼唤每个人、特别是政治家，都多些理性、良知，还有度量。

附注：日本迄今向中国提供的累计 3 万亿日元（约合 2100 亿人民

币）以上的政府开发援助（ODA），据调查，中国人有相当比例的人"完全不知道"，可见有关中日关系的基础性知识并未广为传播。

（2013 年 1 月 5 日）

日本的年轻人如何看待中日关系

对于日本人的中国观，一般都有这样的认识。即六、七十岁的老人由于对以往的侵略怀有忏悔，所以不少人对中国友好，对中国人也比较亲切；中年人则没有这样的感情，甚至负面的认识比较多。而年轻人对中国是如何认识的，则不得其详。或者是认为对中日关系漠不关心，或者是认为仅仅接受媒体的宣传。

一个偶然的机会，让我了解到了一部分日本年轻人对中日关系的认识。9月，秋季开学的第一天，便因强台风的登陆而停课。作为补课的形式，汉语教研室让学中文的学生写篇作文，题目就确定为《我与日中友好》。

看了这个题目，我当时心想，在中日关系处于严冬的时节，学生会怎么写呢?

到了收作文的日子，到我手里的，只是为数不多的迟交的作文，多数作文已经交给了其他任课老师。仅仅从这为数不多的补交作文中，我难得地看到了日本的年轻人对中日关系的认识。

尽管刚刚学了半年中文，语句几乎都有欠通顺，但作文的意思却准确地传达给了我。

不以媒体是非为是非。有一个学生这样写道，去年从电视上看到反日游行，看到日本餐厅和日本车受害，我很讨厌中国。但今年8月我结识了一位中国朋友，她很和善，很喜欢日本。如果我以先入之见，那么她应当也属于坏人，但事实上我错了。从她那里，我可以推想，和善的中国人很多，不能仅仅根据电视的传达来判断是非。我想学好中文，以便跟更多的中国人交流。还有个学生说，大人的认识可能来自固定概念，我怀疑这些固定概念，想推翻它，用互相理解来填充彼此认识之差，互相尊重。

日中友好人人有责。有的学生如此说，日中友好非常重要，最近因为领土问题，日中关系恶化，给日本经济带来很大的影响。我认为日中两国有着不可分割的密切关系，要像人与人之间的关系一样，国家间也应当互相理解，互相帮助。友好关系的构筑，不仅是国家领导人的事，与每个人都有关系。

加强人际交流。表达类似想法的学生不少，有个学生就写道，一般认为，日中友好是国家间的事，其实是日中两国的人与人的关系。一般人对中国没有固定印象，好坏都是来自媒体的宣传。如果加强两国间人与人的交流，加强文化理解，就会除掉不好的印象。为了消除误解，建设交流的纽带很重要，我愿为此尽力。有个学生期望加强两国间年轻一代的交流，彼此交换意见。

站在对方的角度互相理解。有个学生说，光看电视和互联网的传播，日中互相指责，关系很坏。但这只是问题的一个方面。喜欢中国的日本人，和喜欢日本的中国人还是不少。大概是日本与中国在地理和人种上非常接近，所以才产生了各种问题。我认为应当站在对方的角度来审视各种问题，这样的话，双方关系或许会变好。

我期待日中关系好转。

应当互相妥协。有个学生写道，我对中国抱有复杂的感情。我是日本人，站在日本的立场考虑问题，我想中国人也同样是站在中国的立场考虑问题吧。重要的是互相妥协。改变国家很难，但国家间的个人可以沟通理解。对这一点我坚信。

战争与和平。有几个学生谈到了过去的战争，日中是隔海相望的近邻。两千年来日中两国人民互相学习，共同发展，有许多感人的故事。进入近代以来，日本军国主义发动侵略战争，给中国人民带来很大的灾难，也给日本国民带来很大损失。这个可怕的历史教训必须永远记取。近几十年以来，两国有识之士和领导人冲破重重阻力实现了邦交正常化，开辟了日中历史新的一页，睦邻友好关系全面发展，各个领域的合作也不断扩大，事实有目共睹。日中两国和则两利，要为亚洲的发展作出贡献。还有个学生写道，在过去的战争中，日本对中国做了不少残酷的事，因此憎恨日本的中国人有不少。我们不能抹消过去的错误，应当永远正视。日中关系需要今后通过我们的行动来改善，加强对话、协商很重要。有个学生直接写道，日中今后绝不能开战，不能重犯同样的错误。

作文的写作者都是普通大学一年级的学生，刚刚 18 岁。从为数不多的作文中归纳出上述认识，未见得全面，但却的的确确反映了一部分日本年轻人的认识。他们有独立思考的能力，不完全受媒体左右，也不完全相信大人们的意见。他们对过去的战争有比较正确的认识，希望铭记历史教训。超越国家，他们希望两国间的个人加强交流，从底层推动日中关系的改善。从文化、经济的各个层面上，他们期待中日两国能互相尊重，互相理解，换位思考，恢复友好关系。

单纯而无心机的年轻人，还没学会隐瞒自己的看法，取悦中国老师的成分也不会太多。因此这些认识，可以说具有一定的真实性和典型意义。

我觉得有义务把日本年轻人的这些认识传达出来，于是，便有了如上的转述。

国与国之间，民族与民族之间，理解、互信与好感，应当从年轻一代开始培育。年轻人，是人类的明天。

润物细无声。友好不是空洞的口号，是细心的呵护和一点一滴的浸染。不只是中日两国，面对着能源、环境等种种问题，拥有高度文明的人类应当互相关爱，互相援助，共生共济。让战争永远走开，人类不应当自相残杀。

（2013 年 11 月 26 日）

学者静

前几天，两个日本学者获得了今年的诺贝尔化学奖。其中的根岸英一在电视发表了获奖感言。他说，我一生从来没有受到过这么多的媒体关注。听到他这句话，我怦然心动。

从这句话，我知道了科学家获得诺贝尔奖的根本原因。真正的学者，不是长在媒体镜像上，不是活在公众视线中，而是坚守在自己的阵地上。那是寂寞的研究室，那是孤独的书斋。

不计较得失，淡泊名利，在自己的天地里踟蹰徜徉，在自己的田园中默默耕耘，在自己的宇宙中神思遐想。大隐于市，世人的汲汲所求，视若浮云，心目中只有自己追求的圣山。

如此甘坐冷板凳，毕其一生，潜心治学，成果无论大小，不出才怪。机遇与幸运是伴随努力而来的，天上的馅饼砸到懒汉头上的几率甚微。投机钻营，或许可以获得一时的名利，但得不到哪怕是一颗微小却丰满的科学果实。

日本迄今已有 18 人获得了诺贝尔奖，其中科学奖占多数。或许有人会说，那是国家和社会保证了他们衣食无忧潜心治学，才会产生辉煌的成果。此语诚然。不过也不尽然。

回首 20 世纪，无论是自然科学，还是人文科学，中国曾有过的大师辈出的时代，正是那"华北之大，已经安放不得一张平静的书桌"的混乱时代。

在"文革"甫终，也有迅速崭露头角的学者。我知道的，就有在牛棚里翻烂了《新华字典》的文字学家，就有在动乱中成天抱着一部《宋会要辑稿》的历史学者。

世事纷扰，于我心一无所动。箪瓢粗食，我自甘之如饴。这样的学者或许在不少世人眼里是迂腐弱智，然而"燕雀安知鸿鹄之志"！

或许还有人会认为这类学者两耳不闻窗外事，缺乏现实情怀。其实，从长久看，他们对文化的建设，对科学的发展，有着更为深远的意义，更为深切的关怀。鲁迅在《中国人失掉自信力了吗》一文中说了几句有名的话："我们从古以来，就有埋头苦干的人，有拼命硬干的人，有为民请命的人，有舍身求法的人……这就是中国的脊梁。"

超越民族、国家，无数默默无闻却埋头苦干的学者，正是人类文明的脊梁。

名利若浮云，文化是永远的蓝天。

为争院士而雇凶杀人，为争名利而抄袭造假，浮躁喧嚣充斥，旁门左道横行。在这样的氛围中，真正的大师不会产生，真正的荣誉不会降落。只能望奖兴叹，高山仰止。

孔子说，仁者静。真正的学者，内心平静如水，任你风狂雨骤，波澜不惊。宁静则专注，专注方行远。治学犹若做气功，需要入定。

因此，偶然进入耳鼓的获奖感言，让我在怦然心动的同时，从心底涌出了三个字：学者静。

（2010 年 10 月 10 日）

"扶桑正是秋光好"

"家中运转着的洗衣机发出嘎达嘎达的不和谐声响，正在寻思是不是要动手修一修的时候，手机铃声响起……"诺贝尔医学奖获得者、日本京都大学教授山中伸弥这样描述他接到获奖消息时的情景。在获奖后的记者见面会上，他接了一个电话，放下电话，纯朴地笑笑说："我平生第一次接到总理大臣的电话，真还有些紧张。"

山中伸弥，一个普普通通的平凡人。

身在日本，比较详细地看了对山中伸弥的报道。这个每天坚持长跑的山中伸弥，研究经历也像是他的长跑，屡经失败却锲而不舍，他说，十次有九次都是失败。

山中伸弥天分并不是很高，上学时考试考过班里最后一名，当医生实习时被人们按他姓氏的谐音呼作"添乱人"。

儒家讲，人皆可以为尧舜。佛家讲，人人可以成佛。顺着这些话说，人人都有获奖的可能。获得诺贝尔奖的人，绝非尽是天才，但一定是勤奋的人。跑在最前面的不一定都是腿脚灵便的兔子，很多情况下是行动缓慢却脚步不停的乌龟。

最后成功的是山中伸弥。从有毅力坚持不懈来看，山中伸弥又是不平凡之人。

获奖的前提条件，勤奋是主观条件，还需要客观条件。

山中伸弥在讲述获奖感言时，他谈了两点。

第一是感谢。

山中伸弥首先感谢跟他是中学同学的妻子，每天回家看到的笑容支持着他。接着他感谢他的同事，感谢这个团队的协助与支持。最后他感谢国家。他说，我是用国家提供的经费进行的研究。山中伸弥或许没接受过"天大地大爹亲娘亲"的教育，也没有人教他"唱支山歌"给谁听，他的感谢发自内心，并非唱高调。生活安定有序，科研投入多，研究者没有后顾之忧，没有困扰，远离政治，可以安心于书斋、研究室。这样的客观条件，让日本战后涌现出 7 位物理学、7 位化学、2 位医学的诺贝尔奖获得者。当然还有 2 位文学奖获得者。这样的荣耀与成就，意味着对人类作出了不可估量的巨大贡献。

第二是责任。

山中伸弥感谢之后谈到的就是责任。对于还没有实际应用的万能细胞，如何尽快投入到临床，他深切感到了自己的责任。这是一个科学家值得尊敬的使命感。

"扶桑正是秋光好，枫叶如丹照嫩寒。"金秋是收获的季节，与这一时节相应，这几天，不仅是扶桑日本，在中国也是如此。诺贝尔奖获奖的喜讯，让人们心中阴霾一扫，恰如秋日的晴空。"众人熙熙，如享太牢，如登春台。"

山中伸弥发现并合成的万能细胞，为人类战胜许多疾病带来了可能与希望。而莫言的获奖则不仅再次圆了中国人的一个梦，还让世界对当代中国文学的成就瞩目。

"飘风不终朝，骤雨不终日。"风云雨雪，一切都会消失，造福于生活的科技，慰藉心灵的文化，则是永恒的晴空，超越地域、民族、国家，为全人类所共有。

"圣人之道，为而不争。"几千年前《老子》的最后一句如是说。人类和平安宁的晴空，需要所有人来细心呵护。

（2012 年 10 月 13 日）

日本热卖莫言

看到这样的标题，大概不致发生误解吧。日本热卖莫言，并非卖作家本人，而是热卖其作品。正如吃东坡肉，并非吃苏东坡本人的肉，而是吃苏东坡首创做法的那道肉菜一样。

读今天的《朝日新闻》，报道莫言在获得本届诺贝尔文学奖之后，出版莫言四部小说日文版的中央公论新社，便立刻不断接到电话预订，网上书店也呈现出缺货断档的状态。因为在莫言获奖之前，这样小说的日文版，最多也只印三四千部，并且都没有重印的计划。

在日本，一般的书籍出版，印数大都如此。学术书的印数更少，往往不足千部。这大约是由于日本的出版社多，每年出版的书籍种类和数量也多，所以各种书籍的销量都不大。不过，日本的书籍定价较昂，印数虽少，出版社也是不亏有赚。

面对纷至沓来的预订，中央公论新社决定将莫言的四部小说日文版每种都紧急加印五千部左右。

尽管日本人对十分看好的本国作家村上春树未能获得本届诺贝尔文学奖感到相当遗憾，但对莫言的获奖其实是有着一定的心理准备的，并没有"天上掉下个林妹妹"般的突然感觉。早在 2003 年，中央公论新社出版《檀香刑》的日文版时，便在书的腰封上如此宣传："作者是距离诺贝尔文学奖最近的亚洲作家。"责任编辑三浦由香子在回顾当时出版的情形时说道，当时是由于看重作品的价值，才勉强出版的，到今天终于大放异彩，真是分外高兴。

日本最有影响的大出版社岩波书店也决定重印莫言的三部译作。莫言的作品其实在日本一直卖得不错，谈不上冷落。岩波书店出版的《红高粱》日文版，至今已经累计印行了一万三千部。这在日本出版的书籍中，绝非小数目，是只有畅销书才能达到的印数。岩波书店的发行部长说，月底之前，一定要让莫言的作品在书店上架。

在今天《朝日新闻》报道上述消息的同版，还刊载有翻译过莫言《怀抱鲜花的女人》和《酒国》的东京大学教授藤井省三的文章。文章谈到，年轻的莫言在发表了一些按宣传口径写的小说之后，偶然读到曾获诺贝尔文学奖的川端康成的《雪国》，才忽然领悟到小说是什么。那人那狗那乡土，皆可入文。从此，莫言的小说就深深扎在了自己故乡的土地上。

藤井省三还描述了他 1996 年早春访问莫言家乡时的风景与心境。冬麦刚刚出芽，黄土地一望无垠。眺望着这样的光景，藤井感慨道，如今和平安宁的村庄，经历了中国现代史的动荡，究竟有着怎样的历史积淀呢？莫言魔幻般的现实主义创作，将村庄尘封的记忆再度翻动起来，映照着今天的生活。藤井最后这样评价莫言：中国尽管很大，作家很多，在描写农民的感情与逻辑上，大概无人能出其右。

这是一个日本学者的莫言论。由此，其实可以理解何以日本热卖莫言的深层因素。

（2012 年 10 月 16 日）

落寞与欢欣

诺贝尔文学奖得主即将公布，东京站附近的一家大书店。

店员一边向人们展示事先写好的木牌"祝贺村上春树荣获诺贝尔文学奖"，一边将眼睛紧张地盯着电脑。电脑的互联网连接着诺贝尔文学奖发布的现场画面。就在公布的瞬间，画面突然中断，店员立即抓起电话询问，知道了结果。

惊讶、意外、遗憾、落寞全部写在脸上，店员一边收起祝贺村上的木牌，一边走向书店中的另一处书架，在莫言的日文新译《蛙》书前，摆上了一块来不及写名字的获奖祝贺木牌。

以上是我从电视上看到的画面。

村上春树与诺贝尔文学奖失之交臂，日本人表现出掩饰不住的失落。不过，多数日本人对莫言的获奖也同样感到高兴。连一直被视为右倾的《产经新闻》都说，莫言的获奖是1994年大江健三郎获奖以来整个东亚的开心事。

日本人对莫言的作品并不陌生，早在1989年、1990年，《红高粱》《续红高粱》就被德间书店译成日文出版，2003年又由日本最负盛名的岩波书店刊行。此外，《秋水》（收入白水社1990年出版的《中国幻想小说杰作集》）、《怀抱鲜花的女人》（JICC出版局出版，1992

年）、《苍蝇、门牙》(收入白水社 1992 年出版的《中国幽默小说杰作集》)、《酒国》(岩波书店 1996 年出版)、《丰乳肥臀》(平凡社 1999 年出版)、《幸福时光》(平凡社 2002 年出版)、《白狗秋千架》(日本放送出版协会 2003 年出版)、《檀香刑》(中央公论新社 2003 年出版)、《四十一炮》(中央公论新社 2006 年出版)、《生死疲劳》(中央公论新社 2008 年出版)等作品，由日本上述各家出版社出版。就在去年，莫言《牛·筑路》和《蛙》的日译又分别由岩波书店和中央公论新社推出。

在翻译者中，有的还是有影响的研究中国当代文学的教授。比如，藤井省三就是撰写过《中国现代文学史》的东京大学教授。莫言的《生死疲劳》甚至还在日本获得过福冈亚洲文化大奖。日本的诺贝尔文学奖获得者大江健三郎就说过，莫言是中国作家中最有资格问鼎诺贝尔文学奖的人。

文学作品产生于特定的地域，但一经问世，便成为全人类的文化财富。文化超越国界，谁获奖，都值得高兴。

尽管日本人对本国很有人气的作家村上春树无缘诺贝尔文学奖而感到遗憾，但对莫言获奖的事实，并不受其他近事远情干扰，平静地接受，甚至还表现出由衷的喜悦。这是一种心态，正常且平常的心态。这同样也是一种胸怀，逐渐摆脱岛国眼界的包容而开放的胸怀。由此及彼，但愿岛国人对历史也有气度正视。

"泰山不让土壤，故能成其大；河海不择细流，故能就其深。"文明一直在进步，正是由于拒绝狭隘，摒弃偏见。

（2012 年 10 月 14 日）

日本，并不孤独

天摇地动，海啸山呼。不是沧海变良田，而是大地成泽国。乱石崩云，惊涛裂岸，船舶、房屋、汽车，一切平日里看上去颇有些重量的对象，都如同积木玩具一样被翻弄、摧毁。

大地震发生之际，我正在祖国，在北大，演讲。过后，人们纷纷告诉我，日本发生了特大地震。

日本是地震多发国家，人们司空见惯。平常遭遇3、4级地震，几乎都无动于衷，白天照常上课，夜里照常睡觉。

然而这次不同。在日本二十年间，我从电视上目睹过阪神地震、上越地震，这次同样是在电视上目睹。上述的场面，是一衣带水一方的天摇地动、海啸山呼，在我的心中，同样是动魄骇人的震动、震撼。

电话不通、交通中断。过了很久，终于跟家人取得联系。远离震区的千叶家中，领受到前所未有的震感，客厅橱柜中的器皿杯盏震落打碎，书房则被震落的书籍壅塞得无法插足。几年前，有过一次较强的地震，过后当我进入大学的研究室时，地上散乱的书籍也曾令我惊呆。

外出的大孩子幸运地在地震十分钟前回到家中，不然在交通中断后，不知何时可以回到家里。他与弟弟地震时躲到了餐桌下面，四周则是各种器皿在摔毁，碎片在横飞。过后孩子说，死的心都有了。在电话中，小儿说，爸爸，你真幸运，地震时不在日本。是的，但我虽未受怕，却一直在担惊。

强烈的余震不断，家里人说，曾想外出住到汽车里。

今天，本来正在期末考试的小儿，全校放假，因为交通并未全面恢复正常。

商店里，排着长队，购买备用矿泉水和食品，以防更大的地震到来。妻子在电话中跟我感慨地说，人们井然有序，没有混乱，更没有抢劫。

电视里，不断播放着地震时的悲惨画面。看着这些画面，我在想，不要再说人定胜天，在大自然面前，人类是如此的渺小、脆弱，不堪一击。

自然灾害难以避免，不知大自然会何时发怒，更不知会发怒到什么程度。但我们需要善待自然、善待环境，把灾难造成的损害降到最低。

全球化的时代，不分种族，不分国家，世界已成一体。一方遭难，牵动八方。昨天东日本地震之后，证券指数下跌，油价上扬，经济影响波及全球。

全球化的时代，让人变得更加温情，科技进步，人性也在复苏。今早，看中央电视台的新闻频道，在报道东日本大地震的消息时，下面一直打着一行字幕："大地震：日本，并不孤独。"

看着，眼睛一热。

无论说是亚当夏娃的子孙，无论说是伏羲女娲的后代，我们，都是同类的人。我们拥有人性，拥有人的情感人的爱。"老吾老以及人之老，幼吾幼以及人之幼。"圣人教谕，文明古国，我们懂得"仁者爱人"。风雨同舟，福祸同当，我们同呼吸，共命运。

　　地震之后，许多朋友发来信息、信件问候。遭遇大难之际，让我深切感受到了友谊的暖意。谢谢温馨的问候，与大家共勉，好好活着，为我们的爱，为我们的世界。

（2011 年 3 月 12 日）

樱花时节的东京

樱花于神社

校园内盛开的紫阳花

5 月盛开的菖蒲花

校园秋天的早晨

庆应义塾大学之秋

早大红叶

足利学校红叶

瀚海富士

富士山

冬季富士山

千叶城

户隐神社

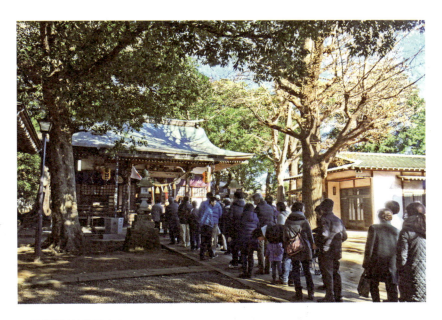

元旦参拜神社的日本人

早大附近一家叫做文艺复兴的旧书店

文化节期间早大的二手书贩卖

足利学校秋风中的孔子像

庆应大学的福泽谕吉塑像

日本有名的宇都宫饺子

宇都宫饺子的宣传

东瀛"茶十德"

东京残留的唯一路面电车

首次出现"日本"二字的井真成墓志

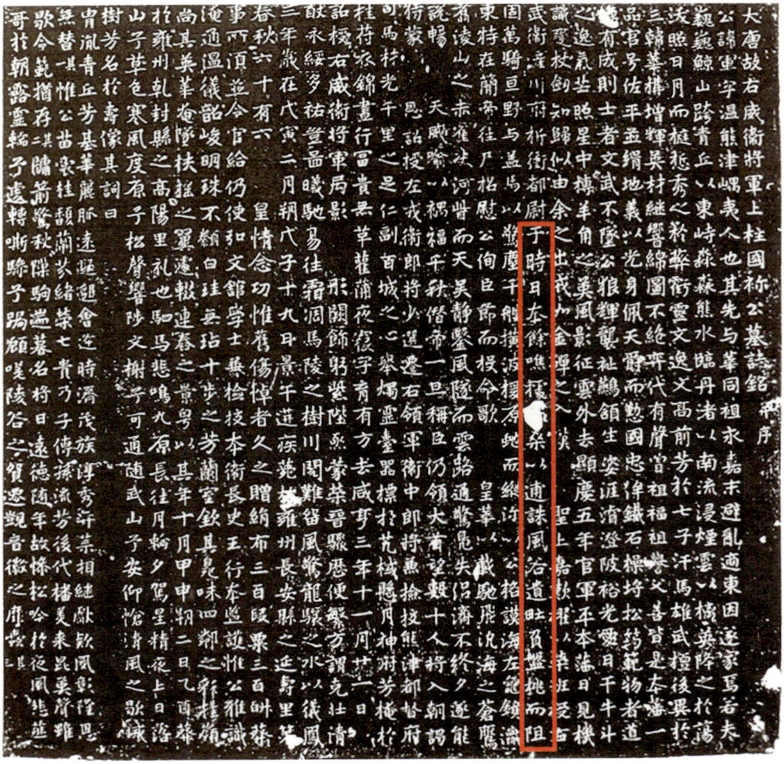

大唐故右威衛將軍上柱國禰公墓誌銘并序

公諱軍，字溫，熊津嵎夷人也。其先與華同祖，永嘉末避亂適東，因遂家焉。若夫巍巍鯨山，跨青丘以東峙；淼淼熊水，臨丹渚以南流。浸煙雲以橫湖，滯雷雨而開廣。靈文逸少，蓋軒冕之樞機；佐平輔成，則簪纓之顯貴。自雄飛之世，屢彰佩玉之榮；逮控鶴之辰，仍軫蒼鵝之寵。

祖福，子信，並�槐棘雄芳，龍虎継秀。綢繆帷幄之秘策，沈毅廟堂之雅姿。標格峻於雲松，清輝朗於水鏡。至孝蒸蒸，忠規謇謇。慶流長發，祉逮洪源。

祖父善，皆是本藩一品。官居柱石，每佇忠規。道佐迷邦，率由榮問。父善，以衣冠繼緒，軒冕相承。

于時日本餘噍，據扶桑以逋誅；風谷遺甿，負盤桃而阻固。萬騎亘野，与蓋馬以驚塵；千艘橫波，援原鯨鯢而縱浹。以公格謨海左，龜鏡瀛東，特在簡帝，往尸招慰。公侚臣節而投袂，捐軀命以殉國。知其可以歸化，歸我王圖。戎狄不賓，自古同恥。

東夷逋誅，有懷聖德。仗劍知歸，帆海而至。乃圖名勒於丹青，垂裕後昆。士女者由是義激。公雅識風雲，仍輝藻佩。秀於圖史，圖畫麟閣，標名竹帛。

春秋六十有六，以咸亨三年歲在壬申十一月甲申朔二十一日景辰，遘疾薨於雍州長安縣之延壽里第。詔書哀悼，贈絹布三百段，賻物若干，葬事官給，仍使弔祭。

惟公雅識淹通，精詞詠，學藝該博，藻思雄深。悲鳴喬木，感通泉。松柏寒心，薤露凝咽。以其年十二月甲寅朔四日丁巳，葬於雍州乾封縣之高陽里。禮也。

既而朝露易晞，佳城永閉。刊石紀德，庶芳塵於不朽。其詞曰：

山丘遽藐，松檟蕭條，哀深松栝，愴切風飈。歌今替矣，露靈輀遙轉，哀挽悽啼。駟馬巡遊，頹嗟陵谷，幽途寂寞，松吟風哀，蓮摧夜魄，驥騄雲悲。

祢军墓志

1997 年 12 月 20 日研究会，左起：青木敦、作者、中嶋敏、柳田节子

日本宋史研究会晚上的联欢

右起：内河久平、近藤一成、作者、千叶笈、中嶋敏、邓小南、吉田寅

与近藤一成、土肥祐子、石川重雄等在居酒屋

近藤一成教授主持柏文莉演讲会，作者担任翻译

作者与斯波义信先生（左二）等合影

环球同此凉热
——读日本媒体的报道《旅行箱中成捆的人民币》

返回日本的飞机上，翻阅前一天的《朝日新闻》。

这样一则报道吸引了我的视线：《旅行箱中成捆的人民币：送到上海日本领事馆的 5500 万日元》。

报道讲的是 3 月 24 日这天，一个装满成捆成捆人民币的旅行箱，被送到上海的日本领事馆。这是中国 60 多个企业和职员送来的。报道说，以这样的方式送来的赈灾款项，是继 3 月 17 日、18 日以来的第三次，金额达 443 万元，相当于 5500 万日元。据说，这样的捐款还会源源不断地到来。

报道还介绍，有个公司总裁讲，四川大地震时，日本最先支持了我们，这回轮到我们支援你们了。

领事馆还收到了上海的中学生匿名寄来的零用钱，还收到一个公司捐给冒险抢修核电站 50 名敢死队员及其家属的 500 万人民币。

报道说，援助的波纹正在扩大。

报道的篇幅不大，看了很有感慨。

政治或有对立，利益或有纠纷，理念或有差异，但人性相同，爱心一致。于是，当地震震碎了建筑，海啸席卷了家园，辐射威胁到生存，一时间，一切的恩怨被超越了。物伤其类，我们是同一个星球上的人。

突如其来的灾难，让人们勤勤恳恳苦心经营的一切，在顷刻间化为乌有。不过，在这一刻，人性有了升华，让纷争失去了意义。活着，是美好的。

全球化的今天，地球已成为一个村庄，民族、国家、畛域虽存，但已不再是最重要的了。面对生存危机，不会幸灾乐祸，只有感同身受。因为谁都无法预料明天灾难会在谁的头上降临。除了突如其来的灾害，共同面对的，还有环境恶化，资源枯竭，物种灭绝。因此人类需要共同挽手，同舟共济，渡越难关。

战争能勾出人心中的魔鬼，导引出惨无人道的恶。大自然降临的灾难，却唤醒人心中的天使，激发起大爱无疆的善。

同情、援手、救助、鼓舞，在春寒料峭的时节，温馨暖人。

还有的感慨是，面对灾难，媒体没有了偏颇，爱成为了主题。于是，电视将全世界的目光聚焦在日本，于是，报纸将满天下的温暖传递给了灾民。

灾难中，倒下的是房屋，失去的是财产，站起的是人性，赢来的是大爱。

灾害一时，爱心永远，世界和谐，天下大同，环球同此凉热。

我祈愿。

（2011 年 3 月 28 日）

体验淡定

游学国内三周，如期返回日本。

大地震之后，看电视，几乎就锁定在央视新闻频道，从地震、海啸到核能扩散，关注着日本灾后的一切。在内心，为我的第二故乡深深祈祷。

震后的十几天，日本大地震一直是中国媒体关注的焦点，报道客观、真实、迅速，全方位开放，并且充满善意。

电视画面，向中国人传递了日本，传递了面对毁灭性大难的普通日本人的镇静、有序与顽强。不只是媒体的评论，也听到了朋友们跟我发出的由衷敬佩。

震后，朋友们纷纷劝我将孩子接回国内避难，甚至有几个朋友都为我作出了具体安排。我也打回电话，但孩子们不想离开。他们说，这是灾害，无法回避。能躲一时，躲不了一世。从孩子那里，我首先感受到了淡定。

大地震的确给生活在这里的每一个人都带来了极大的恐惧。看到餐桌边的地板与柜橱上留下的玻璃器皿摔落时的斑斑痕迹，大孩子说，地震时躲在餐桌下，玻璃碎片溅到身上，长时间持续的剧烈震动，让他感觉必死无疑。后来，每天都有频繁的余震，小儿一天要躲入他的书桌下十几次。即便如此，他们都没有想到要离开过。我想，多数的日本人都是如此。

如期返回，由于不断接受的电视画面的视觉冲击，总有些偏向虎山行的风萧水寒之感。然而，下了飞机，坐上电车，距离地震灾区只有二三百公里的千叶，尽管也死了十几人，用水也检查出超标的核放射，却居然丝毫察觉不到震后的紧张。电车上，除了有些可能是患花粉症的人，几乎也没有人戴口罩。车窗外，蓝天白云，大地新绿微露。一切如常。

归来翌日，妻子要去购物，我也跟随去了商店。就是想看看，还处于灾害中的商店供应和人们的日常状态。

我们来到离家不远的一个中型食品店。由于是周日，熙熙攘攘，购物人多。但没有抢购。商品供应充足，鱼有，肉有，牛奶鸡蛋有，各种面包依旧琳琅满目，蔬菜品种齐全，并且价格皆未上扬。各种蔬菜均标明产地，让消费者安心。除了大瓶矿泉水缺货之外，瓶装茶水、饮料都可以买到。矿泉水缺货，大约是政府调配给灾区或是发放给了幼儿。个别缺货的货架上，商店贴出了"对不起，因灾害调运不及，请原谅"的解释。

据讲，最初几天，千年一遇的大震，惨烈的海啸，以及连续不断的强烈余震，的确引起了恐慌，因为人们不知道是不是还有更大的灾害袭来。商店的所有食品几乎被抢购一空。不过，当交通在一定程度上恢复之后，食品便逐渐补充进来。

在报上，读到过日本记者对中国救援队长的采访。队长说："令人震撼的是，灾民守序的身影，这给我留下了极为深刻的印象。"

大孩子讲，他在地震刚过不久去便利店买东西时，因地震散落一地的商品还没来得及收拾，但营业仍在持续。店员说，越是这个时候，需要买东西的人就越多。

由于地震，电力供应不足。我居住的城市，原本也要轮流停电，但据说一次也没有停过。回到家里，看到平日用的电暖瓶被换上简单的烧水壶，卫生间的温水便座的开关也被关闭。一切都是为了节电。晚饭时，我习惯地打开了餐桌上方的吊灯，但立刻就被孩子关掉了，说要节电。于是，晚餐便只能借助客厅的灯光来吃了。出入时，家人也几乎不用电梯。这些，使我似乎明白了为何没有停电的原因。因为许多家庭都不约而同地采取了节电措施，从而缓解了用电紧张的状况。

充足的供应，有序的购物，全民的携手，我感受到了普通日本人处变不惊的镇静，也感受到了日本迅速复苏的底气。

生活在走向正常。此刻的 NHK 电视频道，正讨论着这样的专题："如何对应：地震、海啸灾害与核电事故？"

3 月，在日本，是年度的最后一个月。今天，是 2010 年度的最后一天。回顾这一个月，强震，海啸，核辐射，接踵而至，这个列岛多灾多难。

表面上，生活依旧平静，社会照常运转，时光缓慢流逝，但从商店里一直难以买到矿泉水这一细节来看，人们的内心还是深藏着恐惧。因为既不知何时可以恢复到正常，也不知会不会有更大的灾难到来，更担心灾难的长期持续。人们强作笑颜，听天由命，为自己、为这个栖息之地做可以做的事。

往年，3 月末，已经是樱花盛开的时节，但多灾的今年，花期也姗姗来迟。从家里望去，每年举办樱花节的大街，夹道的樱花树尚无开花的迹象。

3 月初，回国讲学，那时地震尚未发生，喜欢拍摄富士山的我，在飞机上又捕捉到了富士山的瑰丽身姿。不过，仿佛是一照成谶，洁白的富士山，上方居然笼罩着一块云彩。

祈愿，富士山没有阴影，生活没有阴影，心中没有阴影。

（2011 年 3 月 31 日）

"亲魏倭王"赐印年

三国时期，日本列岛的邪马台国女王向魏国派遣使者，从曹操的曾孙少帝那里获得了"亲魏倭王"金印。这是继公元57年从东汉光武帝那里获赐金印"汉委奴国王"之后，日本列岛的政权第二次得到中国王朝的赐封。这一事件，作为中日交流的重要史实，历来为人们所乐道。

此事的原始记载，见于晋人陈寿《三国志》卷三十《魏志》：

> 景初二年六月，倭女王遣大夫难升米等诣郡，求诣天子朝献，太守刘夏遣吏将送诣京都。其年十二月，诏书报倭女王曰："制诏亲魏倭王卑弥呼：带方太守刘夏遣使送汝大夫难升米、次使都市牛利奉汝所献男生口四人、女生口六人、班布二匹二丈以到。汝所在逾远，乃遣使贡献，是汝之忠孝，我甚哀汝。今以汝为亲魏倭王，假金印紫绶，装封付带方太守假授汝。其绥抚种人，勉为孝顺。汝来使难升米、牛利涉远，道路勤劳，今以难升米为率善中郎将，牛利为率善校尉，假银印青绶，引见劳赐遣还。今以绛地交龙锦五匹、绛地绉粟罽十张、蒨绛五十匹、绀青五十匹，答汝所献贡直。又特赐汝绀地句文

亲魏倭王印

锦三匹、细班华罽五张、白绢五十匹、金八两、五尺刀二口、铜镜百枚、真珠、铅丹各五十斤，皆装封付难升米、牛利还到录受。悉可以示汝国中人，使知国家哀汝，故郑重赐汝好物也。"

这一记载明确记录的遣使获印时期为"景初二年"（238），自古亘今，多为叙述这一史实者所沿袭。回溯古代文献，从唐人的《通典》，到宋人的《册府元龟》《太平御览》《玉海》均同《魏志》。检视今人著述，从20世纪60年代翦伯赞等人主编的《中外历史年表》，到去年刚刚出版的王金波《一本书读懂日本史》亦无异词。

然而，关于遣使获印之时期，其实自古以来便存歧异，今人也有聚讼。

首先，唐初姚思廉所撰《梁书》于卷五四《东夷传》记载道：

> 至魏景初三年，公孙渊诛后，卑弥呼始遣使朝贡。魏以为亲魏王，假金印紫绶。

嗣后，宋人郑樵《通志》卷一九四《四夷传》亦载：

> 魏景初三年，公孙渊诛后，卑弥呼始遣其大夫难升米、牛利等诣带方郡，求诣天子朝献。太守刘夏遣吏将送诣京师，明帝诏赐卑弥呼为亲魏倭王，假金印紫绶。

在日本方面，公元 720 年成书的《日本书纪》，虽注明是援引《魏志》，但将此事以附注形式记在神功三十九年。换算为公元纪年，乃 239 年，即景初三年。由于《日本书纪》对《梁书》有引用，因此日本学者认为此处是参考了《梁书》的记载。

《梁书》所记较之原始记载，有多出的史实。这就是对遣使背景的记述。说卑弥呼是在割据辽东乃至朝鲜半岛一带的公孙渊被诛灭之后，才遣使通魏的。

这是合理的，因为此后，通使已畅通无阻。据《三国志·魏志》的记载，自此次之后，日本列岛又分别有了正始元年（240）、正始四年（243）、正始八年（247）三次使者派遣。

有了具体的历史背景做参照，遣使获印究竟是"景初二年"还是"景初三年"，则很容易考证清楚了。

检《三国志》卷三《魏志》于景初二年八月内载：

> 丙寅，司马宣王围公孙渊于襄平，大破之，传渊首于京都。

仅此一条记载，便可真相大白。在司马懿平定公孙渊的景初二年八月以前，邪马台国女王卑弥呼是不可能于当年六月向魏派遣使者的。

因此，没有记入司马懿平定公孙渊背景的《三国志·魏志》的"景初二年"，当是"景初三年"之误。"二"与"三"只有一画之差，却造成对一件重要史实发生时期的误记。而这种误记又被后人沿误。数字一二三，笔画只是稍有多寡，而在关涉史实之时，校勘亦不可径改。上述对这一事件的考证，从校勘学的角度讲，也是他校。依据史实的他校，往往犹如铁证，难以撼动。

《三国志·魏志》对这一史实发生时期的错误记载，首先为唐人姚思廉所改正，又为宋人郑樵所是正。附言之，郑樵《通志》，后人多褒《二十略》而贬列传，认为不过是抄撮正史，其实也有别裁，也有光彩。然而，沿误者，虽杜佑、王应麟等古代有名学者所不免。

在日本方面，则先是有江户时期的朱子学者新井白石指出，近代以后又为东洋史大家内藤湖南所正误。

已经如此之多的古今是正，对于这件史实的叙述，今天的日本史学者，不应当继续以讹传讹。

写这篇文字，是有感而发。今早偶然翻看孩子正在学习的《日本史史料集》，直接就有对《三国志·魏志》记载的正误。《日本史史料集》是面向日本高中生的课本。这表明，遣使赐印发生在景初三年，在日本学界已成定说。因此，对这件确确实实的史实记载之误，我们中国学者倘再沿误，实在赧然汗颜，贻笑大方。

（2011 年 6 月 12 日）

日本"日出处天子"国书是何时递交的？

——一件重要史实的质疑

伴随着与中国大陆交往的增多，以拥有先进文化的中国大陆为基准点，日本列岛的人们认为自己处于东方的意识很早便产生了。倭王多利思比孤派遣的遣隋使提交的国书就说："日出处天子致书日没处天子无恙。"此即明确认为自己处于东方，而大陆的隋朝则处于西方。关于这个倭王多利思比孤，日本学界有人依据《新唐书·东夷传》认为是用明天皇，也有人认为是推古天皇或厩户皇子，亦即圣德太子。究竟是谁并不重要，让我感兴趣的是这份国书提出的时间。

这条有名的史料见于中国古代文献的多处记载。

《隋书》卷八一《倭国传》载：

> 大业三年，其王多利思北孤遣使朝贡，使者曰："闻海西菩萨天子重兴佛法，故遣朝拜，兼沙门数十人来学佛法。"其国书曰"日出处天子致书日没处天子无恙"云云。帝览之不悦，谓鸿胪卿曰："蛮夷书有无礼者，勿复以闻。"

不谙华夷秩序的国书，互称天子，不管是有意还是无意，总之是以平起平坐的姿态挑战了中国皇帝的权威。岂能"天有二日"？隋炀帝指示外交部门说，蛮夷的国书再有像这样不懂礼仪的，不要呈交给我。日本史学界很看重这条史料，有人认为国书体现了日本人国家意识的觉醒。

这条史料还见于同为唐人编纂的《北史》卷九四《倭国传》：

> 大业三年，其王多利思比孤遣朝贡，使者曰："闻海西菩萨天子重兴佛法，故遣朝拜，兼沙门数十人来学佛法。"国书曰"日出处天子致书日没处天子无恙"云云。帝览不悦，谓鸿胪卿曰："蛮夷书有无礼者，勿复以闻。"

《北史》的记载与《隋书》几乎完全一样，当系出于因袭。

除了唐代的史籍，这一事实还见于宋人的记载。

北宋太宗时期的三大类书之一的《太平御览》卷七八二《倭国传》载：

> 隋大业三年，倭国王多利思比孤遣朝贡，使者曰："闻海西菩萨天子重兴佛法。"国书曰"日出处天子致书日没处天子无恙"云云。帝览不悦，谓鸿胪卿曰："蛮夷书有无礼者，勿复以闻。"

真宗时期成书的《册府元龟》在卷九九七《外臣部》也有

记载：

> 隋倭国王多思此炀帝大业四年遣使朝贡，使者曰："闻海
> 西菩萨天子重兴佛法，故遣朝拜，兼沙门数十人来学佛法。"
> 其国书曰"日出处天子致书日没处天子无恙"云云。帝览之不
> 悦，谓鸿胪卿曰："蛮夷书有无礼者，勿复以闻。"

司马光的《资治通鉴》卷一八一也于大业四年记载了这一
史实：

> 三月壬戌，倭王多利思比孤入贡，遗帝书曰："日出处天
> 子致书日没处天子无恙。"帝览之不悦，谓鸿胪卿曰："蛮夷书
> 无礼者，勿复以闻。"

司马光的详细到了具体日期。

此外，南宋的郑樵在《通志》卷一九四《倭国传》中也有
记载：

> 大业二年，多利思比孤复遣使朝贡。使者云："闻海西菩
> 萨天子重兴佛法，故遣朝拜，兼有沙门数十人来学竺乾道。"
> 国书曰"日出处天子致书日没处天子无恙"云云。炀帝览之不
> 悦，谓鸿胪卿曰："蛮夷书有无礼者，勿复以闻。"

宋末元初成书的马端临《文献通考》卷三二四亦载：

> 大业三年，其王多利思比孤遣朝贡，使者曰："闻海西菩萨天子重兴佛法，故遣朝拜，兼沙门数十人来学佛法。"国书曰"日出处天子致书日没处天子无恙"云云。帝览不悦，谓鸿胪卿曰："夷书有无礼者，勿复以闻。"

以上按文献成书的时代顺序列述了"日出处天子"这条史料。忽略传写讹误不计，内容几乎完全相同。史料的源头应当都是出自《隋书·倭国传》。然而，在时间上略有差异。《通志》记在"大业二年"，《北史》《太平御览》《文献通考》记在"大业三年"，与《隋书》相同。《册府元龟》和《资治通鉴》则均记在"大业四年"。大概司马光援据的是容易寓目的本朝文献。"二""三"的文字一画之差或出传写之讹。清人沈名荪的《南北史识小录》卷八记作"大业之年"也属于同样的传写讹误。《册府元龟》和《资治通鉴》"大业四年"的记载则不知何据。

不过，上述文献记载的一致之处则是，倭王遣使是在大业年间；对国书的表达产生不悦的，是开凿大运河和远征高句丽的隋炀帝。略去三两年的时间微差，几乎所有中日关系史和日本史的研究著作以及普及读物，都把接受"日出处天子"国书的中国皇帝记为隋炀帝。最近刚刚由上海古籍出版社出版的张学锋、马云超等翻译的《宫崎市定亚洲史论考》，收录了宫崎市定撰写于 20 世纪 40 年代的《日出之国与日落之处》，不仅在扉页引述了上述《隋书》的那条史料，在正文的叙述中，依据和阐发的也完全是那条史料。比如，文中就讲述道："隋代恢复了断裂已久的中国式体制，加上隋炀帝又是虚荣心很强的天子，看到日本要求对等外交的国书后很不高兴，下令以后再有这样无礼的书信可不呈报。"

其实。翻检史籍，还有另一种记载，与上述史料时间差异较大。

三大政书之首，唐人杜佑所撰《通典》卷一八五《倭国传》载：

> 隋文帝开皇二十年，倭王姓阿每名多利思比孤，其国号阿辈鸡弥，华言天儿也，遣使诣阙。其书曰"日出处天子致书日没处天子无恙"云云。帝览之不悦，谓鸿胪卿曰："蛮夷书有无礼者，勿复以闻。"

《通典》的记载虽与上述文献记载基本一致，但在信息上多出了"其国号阿辈鸡弥，华言天儿也"的内容。因此，史料出处或非同源，值得重视。最重要的是，《通典》所记递交国书的时间发生在隋文帝开皇二十年，与《隋书》系统的史料记为大业年间不同。

《通典》所记并非孤证。北宋初年乐史所撰《太平寰宇记》卷一七四载：

> 隋开皇二十年，倭王姓阿每名多利思比孤，其国号阿辈鸡弥，华言天儿也，遣使诣阙，其书曰"日出处天子致书日没处天子无恙"云云，帝览之不悦，谓鸿胪卿曰："蛮书有无礼者，勿复以闻。"

《太平寰宇记》的这条史料来源，可能就是《通典》，所以才几乎在文字上完全相同。不过也证明了《通典》原本就在时间上记在"开皇二十年"，并非出于后世传写时所改易。

宋人叶廷珪所撰类书《海录碎事》卷四"日出天子"条载：

> 倭国王致书隋文帝云，"日出处天子致书日没处天子无恙"云。帝览之不悦，谓鸿胪卿曰："蛮夷书有无礼者，勿复以闻。"

《海录碎事》的记载虽未明记年代，但所记"倭国王致书隋文帝"云云，证明与《通典》和《太平寰宇记》在时期上是一致的。

其实，北宋欧阳修、宋祁所纂《新唐书》，在卷二二〇《东夷传》中"次用明，亦曰目多利思比孤直，隋开皇末始与中国通"的记载，也支持开皇二十年递交国书说。

关于"日出处天子"国书的文献史料，在时间记载方面大致存在上述两说。

如果此事发生在隋文帝时期，让朝贡体制下"天无二日"的天子自尊心受到伤害的，就不是隋炀帝杨广，而是他的父亲隋朝的创建者杨坚。并且，开皇二十年为公元600年，大业三年为607年。两朝皇帝，差出一个时代。如果开皇二十年递交国书说得以落实，那么这一中日交往史实的发生时间就当提前八年。

令我困惑不解的是，上述关于"日出处天子"国书的文献记载，都不是隐身于冷僻典籍，很容易查得，不知为何，包括前面引述的宫崎市定的著作，几乎所有相关研究著作和普及读物都不约而同地采用了大业时代说，而完全无视开皇时代说。把接受国书而不悦这件事放在早已冠有暴君恶名的隋炀帝身上，似乎更可增其恶，反映出他的傲慢自大。是不是出于这样的潜意识驱使，难以揣度。

当然，除了出自潜意识驱使的因素，还有可能是由于对不同史料叠合误读而造成的张冠李戴。隋朝的皇帝接受日本国书，除了"日出处天子致书日没处天子无恙"之外，还有一份是《日本书纪》于推古天皇十六年记载由隋朝使者裴世清和遣隋使小野妹子带来的。这份国书的递交时间是隋炀帝大业四年（608）。国书全文为："东天皇敬白西皇帝，使人鸿胪寺掌客裴世清等至，久忆方解。季秋薄冷，尊候如何？想清念，此即如常。今遣大礼苏因高、大礼乎那利等往，谨白不具。"估计一些史籍的载笔者把两份国书弄混了。隋炀帝接受后发怒的应当是后一份国书。

历史研究是科学，叙述和结论都不能以个人的好恶为转移。对于同一事实的研究，需要正视所有不同的史料记载，分析其异同，客观地做出结论。缺乏根据的舍此就彼，会影响到研究质量，不仅难以令人信服，也会误导没有条件掌握充分的史料信息量的读者，偏听而偏信，使历史的叙述和理解出现偏差。

当年著名历史学家邓广铭先生提倡治史需要"目录、职官、地理、年代"四把钥匙。的确，四把钥匙不可或缺，需要十分重视。就年代来讲，不光是重要的历史人物的生卒年需要考证清楚，对于具有标志性的重要历史事件也需要明确时间，不能含糊。历史在时间中运行，抽出了时间，就没有了历史。在中日关系史上，在日本历史上，"日出处天子"国书的递交就属于具有标志性的重要历史事件。即使一时无法得出确凿的结论，至少应当二说并存，表明史料异同。

（2018 年 3 月 16 日）

"日本"是何时产生的？

标题带有引号的"日本"，是指日本国号。日本国号亦即国名产生于何时，在日本史学界是一个争论不休的未解难题。

从文献史料的视点观察，中国方面的文献，在唐代以前并没有发现"日本"国名的出现。11世纪中叶前后成书的《新唐书》，在《东夷传》中有这样完整的记载："咸亨元年，遣使贺平高丽。后稍习夏音，恶倭名，更号日本。使者自言国近日所出以为名。"唐高宗在位的咸亨元年（670）是一个时间坐标。"后稍习夏音，恶倭名，更号日本"，表明更号日本是在咸亨元年以后。这与《史记正义》所说"武皇后改曰日本国"，在时间上是前后吻合的。

日本方面的文献，尽管养老四年（720）成书的《日本书纪》已经有了被训读为"ヤマト"的"日本"汉字表记出现，但学界研究日本国号起源时一般不将其作为证据。而较早有明确记载的，应当是菅野真道等执笔成书于延历十六年（797）的《续日本纪》，其于庆云七年（702）载："秋七月甲申朔，正四位下粟田朝臣真人自唐国至。初至唐时，有人来问曰：何处使人？答曰：日本国使。"

朝鲜半岛方面的文献，1145年成书的《三国史记》中的《新罗本纪》卷六于文武王十年（670）十二月载："倭国更号日本，自言近日所出以为名。"由于《三国史记》在编纂时参考了中国的文献，所以从对"倭国更号日本"的时间与前引《新唐书》的670年完全一致来看，当是从该书移录的史实，并不可能有其他的来源。

　　根据上述这些史料，日本学界对日本国号产生时间的推测，一是在天武天皇期间（672—686），与天皇称号同时产生；二是产生在从飞鸟净御原令编纂的689年到《大宝律令》形成的701年前后这一过程之中。至于《日本书纪》在大化元年（645）七月条记载的颁发给来自高丽、百济使者诏书中"明神御宇日本天皇"的写法，被认为是经过了《日本书纪》编者的润色。总之，各种文献关于日本国号产生时间的记载，均未早于7世纪后半，亦即在670年至701年之间。

　　关于在这一时期产生的原因，日本学者大和岩雄还有一种说法，认为是"壬申之乱"让作为小国的日本吞并了倭国，从而改倭国为日本。到了天武天皇十三年（684），将国号更名日本之事通报给了唐朝。所以他认为日本国号的启用当在684年稍前。审视这种说法的史料依据，其实还是来自《旧唐书》卷一九九《东夷传》所载"或云日本旧小国，并倭国之地"。

　　从出土文献的视点观察，近年来，相继出土三种石刻史料，也都出现了"日本"的字样，因此颇为学界所关注。

　　一是2004年在西安发现的遣唐使井真成墓志，墓志中明确写到"国号日本"，因而是确定无疑的。这方墓志的文字出自同为遣唐使的日本人之手，时间是唐玄宗开元二十二年，即公元734

年。对此，我曾在日本的《每日新闻》有专文论述（2005年9月1日）。这是目前发现的关于日本国号的比较确凿的最早存世实物资料。

二是1992年现身于台北古玩店的《徐州刺史杜嗣先墓志》。这方墓志虽未见原石，但分析录文所述事实，当非伪造，墓志写道："又属皇明远被，日本来庭。有敕令公与李怀远、豆卢钦望、祝钦明等宾于蕃使，共其语话。"据台湾学者叶国良先生考证，墓志这一段所述史实是，杜嗣先受命接待遣唐使。由于墓志中还提到"上帝宗于明堂，法驾移于京邑"这一武则天行明堂礼的史实，因此在时间上可以断定杜嗣先受命接待的是第八次遣唐使，其到访的时间是长安二年，即公元702年。墓志由杜嗣先之子撰写于先天二年（713），这一时间也早于第九次遣唐使的来访时间开元五年（717），因此说，"日本来庭"的写法不可能是出于后来的改写。由此可以断定，作为国家的"日本"记载，杜嗣先墓志也是真实无疑的。"日本"国号的实物资料，杜嗣先墓志的702年又比井真成墓志的734年提前了三十余年，从而可以印证日本史学界的通常推测。

第三种出土资料也是在西安发现的，这就是由中国学者王连龙撰文披露的《大唐故右威卫将军上柱国祢公墓志铭》，简称《祢军墓志》。祢军是百济人，在唐朝做官，死于唐高宗仪凤三年（678）。墓志中有这样几句话："于时日本馀噍，据扶桑以逋诛；风谷遗甿，负盘桃而阻固。"由于文中提到"日本"，如果确定是日本国号的话，实物资料便将日本国号的确立至少提早到公元678年，早于前述日本学界迄今为止的推测和现有的实物资料，意义非凡。然而，遗憾的是，据我考证，《祢军墓志》中出现的"日本"，只不过是对东方的泛指，很难与日本国号联系起来（详细论证，参见本书《〈祢军墓志〉中的"日本"并非国名》）。既然《祢军墓志》中出现的"日本"并非日本国号，那么公元678年日本国号形成说也无法成立，尽管这个时间节点与《新唐书·东夷传》咸亨元年（670）的记载比较接近。如此一来，日本国号的形成，又回到了通常推测的原点，即701年前后形成说。

其实，《新唐书·东夷传》等中国文献对于日本国号产生的记载具有一定的研究启示意义。古代政权的国号形成可能并不像近代国家诞生之时那样由部分人在短时间内拟定国名，而是经历了一定时期的普遍认同。既然目前我们无法找到诸如政令发布那样的确凿史料来认定日本国号的产生，那么我们可不可以转换一个角度来考察这个问题呢？

尽管《祢军墓志》中出现的"日本"并非日本国号，但其意义则显示了"日本"作为指代东方"日之本"的意识已经由来已久，所以墓志作者才有可能娴熟地使用这一词语。

伴随着与中国大陆交往的增多，以拥有先进文化的中国大陆为基准点，日本列岛的人们自己处于东方的意识很早便产生了。倭王多利思比孤派遣的遣隋使提交的国书就说："日出处天子致书日没处天子无恙。"此即明确认为自己处于东方，而大陆的隋朝处于西方。这条有名的史料见于中国文献的多处记载（关于日本国书的递交时间，参见本书《日本"日出处天子"国书究竟是何时递交的?》)。

"日出处天子"这种表达，在我看来，其实已经隐含了"日本"，即"日之本"之意。进一步联系到《日本书纪》中"东天皇敬白西皇帝"的表达，根据日本学者日本国号和天皇称呼同时形成的见解，极有可能早在提交国书的公元600年之前，即6世纪末，"日本"这一国号已经产生。

在没有确凿明证之前，对于日本国号的产生，其实我们还可以另辟蹊径进行探索。

众所周知，主要来自汉语的日语音读发音，除了大多是出于误读的惯用音之外，基本被归纳为吴音、汉音和唐音三种。

吴音是魏晋南北朝时期从中国江南地区传到日本的汉字音。"倭之五王"（中国史书记载的倭之五王，日本学界有基本比定：倭王瓒即仁德天皇或应神天皇、倭王珍即反正天皇、倭王济即允恭天皇、世子兴即安康天皇、倭王武即雄略天皇）频繁向南朝派遣使者，以及"南朝四百八十寺"那样佛教兴盛所带来的中日间交流，无疑对吴音的传入起到了极大的作用。日语中的吴音词汇有相当多是来自汉译北传佛经。

汉音作为唐代洛阳一带的标准音，则是伴随着中日之间第二次交流热，由大量的遣唐使、留学生全面导入中国典章制度以及文化带过去的。

唐音则是宋元迄至近代传到日本的汉字音。于是，日语汉字音所附着的时代因素与地域因素便成为我们考察日本国号产生时代的一个极好的视点。

日本的国名现有两种发音表记。一种是汉字音读的"にほん"或"にっぽん"，一种是以英语为主的欧美语言"ジャパン"等。这两种发音其实都与汉字音摆脱不了干系。"日"的"にち"的发音就是来自吴音的入声字。而"ジャパン"的语源据讲是来自《马可波罗游记》中所述"黄金之国ジパング"。"ジパング"是不谙汉语的马可波罗对元朝人称呼"日本国"的拟音记录。纵观西方几种语言的《马可波罗游记》，"ジパング"的表记，词头都对应为日语的"ジ"。这个"ジ"应当是"本日"的"日"的拟音"ジツ"。促音"ジツ"在北方元大都人的口中脱落了促音尾而成为"ジ"。在日语的"日"字两种音读中，"ジツ"属于汉音。

日本的国名现有两种发音表记给了我们一个启示。如果日本国号产生于唐朝诞生将近百年之后，那么，其音读发音理应为汉音"ジツ"才合乎逻辑，但为什么偏偏日本人舍时音不用，却用了一个古老的字音呢？推想开来，谜底只有一个，那就是，作为国号的日本，在汉音没有成为主流语音之前，至少魏晋南北朝时期最后一个时代隋朝便已经启用。

对于这一推测，还可以提供一个旁证就是，一个名叫续守统的中国人，在百济和唐、新罗作战中成为了俘虏，被百济在齐名七年（661）送到日本。后来续守统被持统天皇任命为音博士，专门教授唐朝的标准音汉音。这一个时间节点是在公元689年前后。这一事实体现的逻辑关系是，如果日本国号产生于689年以后，发音理应会采用当时大力提倡的汉音，而不可能是吴音。在资讯交流不发达的时代，日本这一国号到了公元600年才由使者传达到中国的王朝。此时，在日本国内，日本国号大约已经使用了有一段时间。

通过汉字音对日本国号产生的考察，前述日本国书体现的国号暗示，其实是互为旁证的。

纳入更为广阔的历史背景来考察日本国号的产生，也可以得到相同的认识。伴随着日本古代国家的形成与确立，才会产生对统一国号的需求。而公元5至6世纪正是被学界通常认定的日本古代国家的形成期。日本大量接触并接受中国文化，最终建立了律令制国家。在这一过程中，日本国号和天皇称谓应运而生。这一历史背景的回顾也在广义上可以支持我关于日本国号形成时间的推测。

通过日语汉字音的历史，考察日本国号的产生时期，是迄今所有日本史研究者所忽略的一个视角。作为一个旁证，佐以其他史料，这更有可能接近事实。

作为余话，还想附带说说跟日本国号产生有关的一个有趣的问题，这就是"日之本"，亦即"日本"，是在日本列岛内部产生的称呼，还是来自外部的观察？提出这个问题，我其实想要问的是，究竟是谁最初称呼"日本"的？

在我看来，最初称呼"日本"的一定不是出自日本列岛内部，就是说不可能是日本人。为什么可以这样断言呢？一个常识性的道理是，圆形的地球，无论在什么方向观察，太阳都是从东方升起。日本人位于日本列岛的观察也不例外。然而，中国人从中国大陆一侧观察，日本列岛方向正是太阳升起的东方。因此当来到中国大陆的日本人被问到从何处来时，日本人可能会指着日本列岛的方向说来自那里。听到这样的回答，中国人也许会说，那是太阳的故乡啊，亦即日之本。于是，身处中国大陆的日本人会领悟到，原来我们居住的地方是"日之本"。追溯"日本"这一国号的形成过程，可以推测大概会是这样的经过。这便是"日本"的由来。这样的说法，看起来很像是我的主观臆测，其实是合乎逻辑理路的。唐代诗人刘长卿写给日本使者的两句诗刚好描述了这样的场景："遥指来从初日外，始知更有扶桑东。"

因为"日出处天子"的"日出处"，原本就是来自中国大陆一侧的观察。反过来说，如果从中国以西一侧来看，中国又成为"日出处"。以类似"日出处天子"的说法来称呼中国王朝的皇帝，在文献中还居然真的可以找到。正史"二十四史"之一的《北史》卷九七《波斯国传》载："神龟中，其国遣使上书贡物云：大国天子，天之所生，愿日出处常为汉中天子。"这是来自中国以西的观察，与从中国观察日本方向一样。

其实，以太阳为参照物，以中国大陆为基准点的方位表记，不仅限于东方日本，南方的越南也是如此。西汉武帝时代，在越南中部汉朝政府还设置有"日南郡"，更是明确的标记。

日之本是相对于中国大陆而言的称呼，这在古代日本人那里并无疑问。在平安时代成书的《弘仁私记》前，序文开头就这样讲道："日本国，自大唐东去万余里，日出东方，升于扶桑，故云日本。"近代以来的日本学者也并不避讳这一事实，与古代日本人有着同样的认识。曾任京都产业大学的所功教授指出："'日出处''日之本'这样的认识,是在日本列岛内很难产生的想象,大概是从日本以西的朝鲜或中国向东方瞭望产生的。"另一位日本史研究者神野志隆光也指出:"日本这一称呼很可能就是产生于中国的世界观,因而日本的国号才被唐朝所接受。"

（2020 年 10 月 13 日）

《祢军墓志》中的"日本"并非国名

　　7 年前由中国学者王连龙在《社会科学战线》(2011 年第 7 期)
以《百济人祢军墓志考论》为题撰文，披露在西安发现的《大唐故
右威卫将军上柱国祢公墓志铭》(以下简称《祢军墓志》)。祢军是
百济人，在唐朝做官，死于唐高宗仪凤三年（678）。墓志中有这样
几句话："于时日本馀噍，据扶桑以逋诛；风谷遗甿，负盘桃而阻
固。"由于文中提到"日本"，如果确定是日本国号的话，实物资料
便将日本国号的确立至少提早到公元 678 年，早于日本学界迄今为
止的推测和现有的实物资料，意义非凡。因此墓志一经披露，引起
了日本学界极大关注，于次年春便在明治大学举办了国际研讨会。
最近，由于考察日本国号的起源，笔者对这方墓志作了较为细致的
审视。

　　对于墓志中的"日本"如何解释，是问题的关键。首先我们需
要注意的是，"于时日本馀噍，据扶桑以逋诛；风谷遗甿，负盘桃
而阻固"是一组完整的对句。对句的基本要求是虚指对虚指，实指
对实指。那么，我们来看一下这组对句。

　　先看"风谷"一词。"风谷"是"风之谷"之意，"风"修饰
"谷"。"谷"则是山谷之谷，指地，是实词。"风"，按五行之说，

东方生风。我早年考证过《黄帝内经》的版本（《黄帝内经素问版本源流考》，《国家图书馆馆刊》[台北]第86卷第1期，1997年），贯穿着五行思想的《内经》，多达三处明确记有"东方生风"（分别见于《黄帝内经素问》卷二《阴阳应象大论篇》、卷十九《五运行大论篇》、卷二十《气交变大论篇》）。从这一视点来看，"风谷"便是东方之谷之意。既然是大体方位的泛指，那么对句中相应的"日本"，也就不是固有名词，而是"日之本"，亦即日出之处之意。自然物的"日"对"风"，同样指地的"本"对"谷"。"日本"与"风谷"均为东方的泛指。

接下来再看另一组对应词"扶桑"和"盘桃"。"扶桑"自古以来指代日本列岛为众所周知。传说日出于神木扶桑之下，拂其树杪而升，因谓为日出处。《楚辞·九歌·东君》云："暾将出兮东方，照吾槛兮扶桑。"对此，王逸注云："日出，下浴于汤谷，上拂其扶桑，爰始而登，照曜四方。"从日出处的意旨而转指位于中国大陆东方之日本。《梁书》卷五四《东夷传》载："扶桑在大汉国东二万余里，地在中国之东，其土多扶桑木，故以为名。""扶桑"代指东方的日本，那么"盘桃"呢？盘桃是蟠桃的通假，原本也是指一种神木。神木蟠桃又生于何方？也是东方。唐代独孤授的《蟠桃赋》云："东海神木，是曰蟠桃。"既然是指东方，那么作为地域的指代，在对句中就跟"扶桑"所指同地，也是指代日本。

"扶桑"和"蟠桃"本来都是名词，但墓志作者故意将"蟠桃"写成"盘桃"，以原本用作动词的"扶"对动词"盘"，以名词"桑"对"桃"，更显示出工对的优美。如此一来，结合墓志反映的历史背景，"于时日本馀噍，据扶桑以逋诛；风谷遗甿，负盘桃而阻固"这一对句所述的意思便是，当时东方的百济遗民盘踞在日本以逃避诛杀并负隅顽抗。上下对句讲的都是这个意思。这是一种文学的表达手法。

从中国大陆的角度看朝鲜半岛和日本都在东方，古代史籍均以之入《东夷传》。因此，这里的"日本"和"风谷"应当是指原来百济人的居地，而"扶桑"和"蟠桃"才是指日本。根据这样的语词分析，《祢军墓志》中出现的"日本"，很难与日本国号联系起来。

关于上述考证，还有未了之余话。在我所在的学习院大学东洋文化研究所，有一天同研究朝鲜古代史的植田喜兵成智助教聊起这个话题。他告诉我说，在早大读博士时，他们的古代东亚史研究班曾经做过《祢军墓志译注》，然后他找来了刊有《祢军墓志译注》的《史滴》杂志（第34号，2012年12月，早稻田大学史学会刊行）抽印本。对《祢军墓志》中的"日本"一词，译注如是说：

> 【日本】此语究竟是作为国号的日本，还是别的意思，一直有争论。作为国号的日本，一般认为是形成于公元701年大宝律令的制定时期，在那之前从何时开始使用，学者也有过探讨。王连龙论文把《祢军墓志》中的"日本"看作是国号，是以《新唐书》卷二二〇《日本传》记载咸亨元年（670）国号由倭变更为日本的事实为依据的。不过，东野治之《百济人墓志中的"日本"》(《图书》，岩波书店2012年）和葛继勇《关

于祢军墓志的备忘录——附唐代百济人相关石刻的释文》(《东亚世界史研究中心年报》第 6 期，2012 年 3 月）都指出过，作为对句"风谷"并非具体国名，因此也很难将"日本"视为国号。东野还列出"日本""日域""日东"等语在唐代代指新罗或高句丽的事例。并且从墓志中以"三韩""本蕃""青丘"等语辞来回避直接指称国名的表达方式来看，也很难只把墓志中的"日本"解释为国名。另外，东野认为墓志中的"海左""瀛东"是指日本，而"日本"则是暗指被灭掉的百济。"日本"一词无论是指朝鲜半岛，还是指日本列岛，指的是东方地域则是毫无疑问的，但很难解释为国号。

这段原为日文的注释，我翻译为汉语如上。由此可见，无论是日本学者，还是中国学者，都跟我循着同样的路径，从语用修辞的角度对《祢军墓志》中的"日本"作了诠释，基本认识皆否定是实指的固有名词国号。

最近由于考察日本国号的起源，因而重新审视了《祢军墓志》中的"日本"，同时也对学界的基本认识略加介绍如上。

（2018 年 6 月 30 日）

《李训墓志》书写者"朝臣备"是不是吉备真备？

　　最近，一方唐代墓志的披露在海内外引起轰动。墓志的内容平淡无奇，引起轰动的原因是，墓志的最后刻有这样一行字："日本国朝臣备书。"过去碑铭墓志的制作，到完成为止，至少会有四人经手，一是篆额，二是撰文，三是书丹，四是刻文。上面这一行字，表明这方墓志的书丹者是来自日本的"朝臣备"。

　　一看到"朝臣备"，会立刻让人联想到中日交流史上极为有名

《李训墓志》局部

的吉备真备。公元716年，21岁的吉备真备被选作留学生，第二年跟随第9次遣唐使来到唐朝首都长安。"留学生"这个今天看来像是近代以后产生的词汇，其实在唐代就已经有了，专指跟随遣唐使一起入唐的年轻学生。跟吉备真备同行的还有更有名的阿倍仲麻吕，也就是跟李白等唐代诗人有着深入交往的晁衡。吉备真备在唐朝留学的时间长达十八年，735年才携带大量书籍回到日本。回到日本后的吉备真备受到重用，官职升迁很快，曾作为东宫学士，给后来成为孝谦天皇的皇太子讲授《礼记》和《汉书》。在751年，吉备真备被任命为遣唐使副使，于次年再次踏上唐朝的土地。再次到访，不仅受到唐玄宗的接见，被授予银青光禄大夫，还与阿倍仲麻吕再会，又到扬州拜访了鉴真大师。几次东渡都没有成功的鉴真大师，也在754年随同吉备真备终于来到了日本。此后吉备真备尽管仕途颇有波折，但一直身居高位，做到正二位的右大臣，历仕于几代天皇。

吉备真备对传播中国文化起到重要的作用。大到历法，小到围棋，乃至矫正日本的汉字旧读吴音为唐代长安标准音的汉音，甚至日本文字片假名的创制，都跟吉备真备有关。鉴于吉备真备对日本文化有如此重大的贡献，在去世上千年之后，还被明治天皇追赠勋二等。在古都西安，还有为纪念唐代文化传入日本一千二百五十年而建造的吉备真备纪念园。

如果墓志真的是这位几乎是奠基了日本古代文化的吉备真备所书写的，的确意义非同寻常。不仅"朝臣备"的表述会让人联想到吉备真备，从其他几个角度来看，似乎也不能排除吉备真备书写的可能性。第一，在时间节点上，吉备真备没有不在场的记录。墓志写于墓主李训去世的当年 734 年。第一次赴唐学习的吉备真备，于第二年即 735 年才回国。第二，在地点接近上，也与吉备真备有关。因为墓主李训担任主管接待外国人的鸿胪寺丞，而根据文献记录，鸿胪寺又是吉备真备长期学习的地方。我的大学同学荣新江教授在墓志发布会上说"唐代的外交官让日本国的使者来写墓志"，"这让人们从中看到了唐朝的国际性和开放的胸怀"。其实由善书的吉备真备来书写本处去世长官的墓志也属至极当然。在"胡姬貌如花，当垆笑春风"（李白《前有一樽酒行二首》）的国际化程度相当高的当时长安，唐朝人的胡汉意识恐怕并没有那么明晰，倒是"朝臣备"本人作为外来者则很明晰，一定要写上"日本国"来强调自己的身份。

这方 19 行、328 字的墓志本身，其真实性似乎是不容置疑的。关于这一点，从对墓志撰文者褚思光的文献考索便可证明。褚思光，在唐人张彦远的《法书要录》卷四、宋人王溥的《唐会要》卷七六等文献中都有记载，开元七年（719）文辞雅丽科及第，墓志写作之时，已官至秘书丞。由擅长文辞的秘书丞褚思光来执笔墓志撰写，也合情合理。

根据报道，专家们从填补中日关系史、中日书法史、遣唐使、日本史空白的视点强调了《李训墓志》的价值。墓志固然有以上各个方面的价值，但在我看来，对于日本史研究、特别是在考察"日本"国号的形成与使用方面，有着重要的价值。墓志写作于 734 年。在同一年，还有另一方重要的墓志存世。这就是明确写下"国号日本"的《井真成墓志》。十五年前发现于西安的《井真成墓志》，是当时首次发现记载"日本"年代最早的实物。发现后在日本引起轰动。因为日本国号的形成，长期以来都是根据一些文献记载作出的推测。尽管《井真成墓志》的"国号日本"比通说晚将近三十年，但却是言之凿凿的实物。这次《李训墓志》中所记"日本国朝臣备书"与《井真成墓志》作于同一年，这是二者的接点。我曾在日本《每日新闻》(2005年9月1日《每日新闻》夕刊)上撰文，考证了为研究者所忽视的墓志撰者的问题，认为《井真成墓志》并非由当时的唐人所撰，而是出自与井真成同在长安的日本人之手。我在文中推测有可能是有名的阿倍仲麻吕所撰。《李训墓志》的披露，让我觉得《井真成墓志》出自"朝臣备"之手的可能性也不是绝对没有。

在《井真成墓志》发现之后，写有"日本"的墓志又陆续有《祢军墓志》和《杜嗣先墓志》的发现。《祢军墓志》中的"日本"，据我考证并非固有名词，只是泛指东方的虚指(《〈祢军墓志〉中的"日本"并非国名》，《澎湃》，2018年6月30日)。撰于713年的《杜嗣先墓志》中的"日本来庭"，据我考证，则确实是指日本(《"日本"国号形成蠡测》，《社会科学战线》2018年第6期)。尽管《井真成墓志》和《李训墓志》中的"日本"要比《杜嗣先墓志》的时期要晚，但并非没有价值。与站在唐人的立场上撰写的《杜嗣先墓志》不同，《井真成墓志》和《李训墓志》中的"日本"，是日本人自己的自述。这对于考察当时日本人的国名意识与"日本"作为国名被广泛使用的事实也很有意义。

比较作于同一年的《井真成墓志》和《李训墓志》，其各自不同的价值在于，《井真成墓志》是迄今发现最早的明确记载"国号日本"的实物，而《李训墓志》是迄今发现最早的明确记载"日本国"的实物。现在日本的正式国名也叫"日本国"，这样的表记或许是自日本国号形成之日起就是如此（参见笔者《"日本"国号形成蠡测》第六节"'日本国'解"）。《续日本纪》记录702年的遣唐使问答，就自称"日本国使"。属于石刻文献的《李训墓志》可以成为书籍文献《续日本纪》的佐证。

从报道来看，对于《李训墓志》的书写者"朝臣备"，中国方面的学者言之凿凿，实指就是吉备真备，而日本方面或许是接受了误读《祢军墓志》的教训，谨慎地推测有可能是吉备真备。

其实，《李训墓志》的书写者"朝臣备"到底是不是吉备真备，还真的不能斩钉截铁地下断言。这里面至少有两个疑问还难以解释。吉备真备原名叫作"下道朝臣"，有明确记载改名为"吉备朝

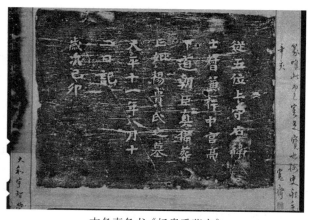

吉备真备书《杨贵氏墓志》

臣"是在日本的天平十八年，即公元746年。在十二年前书写墓志之时，他不可能时空穿越，写下十二年后才开始使用的名字。这是最大的疑问。此外，吉备真备亲笔为自己的母亲写下有《杨贵氏墓志》。现存的《杨贵氏墓志》与《李训墓志》的书法风格迥异，难以视为出自同一人之手笔。更为具体的是，《李训墓志》中的"朝臣备"的"备"，写作繁体异体字的"𤰚"，而《杨贵氏墓志》则写作繁体正字的"備"。仅就这些疑点来看，《李训墓志》的书写者"朝臣备"能不能断定就是吉备真备，还需审慎。顺便说一句，我的友人日本明治大学的气贺泽保规教授说道，吉备真备"日本国内并没有保留下任何他的笔迹，此次发现无疑填补了多项空白"。强调《李训墓志》的价值的用意可以理解，但上述吉备真备亲笔书写《杨贵氏墓志》真迹尚存，恐怕不能断言"没有保留下任何他的笔迹"吧。当然，关于《杨贵氏墓志》的真伪，一直也存有争议。

尽管书写者"朝臣备"究竟是不是吉备真备尚存疑点，但这并不能否认《李训墓志》本身的重要价值。墓志的书写年代本身以及"日本国朝臣备书"的表述，从日本史的视点考虑，无疑已经具有极大的意义。

（2019年12月29日）

"朝臣"解

最近披露的唐代《李训墓志》最后一行"日本国朝臣备书"，既是该墓志最显示价值的一句，也是备受争议的一句。价值在"日本国"，争议则在"朝臣备"。如果"朝臣备"有问题，那么最具价值的"日本国"也成为子虚乌有，黄金化铁。

前几天，我写了小文《〈李训墓志〉书写者"朝臣备"是不是吉备真备？》，讨论了吉备真备跟"朝臣"的关系。根据史料记载，指出吉备真备原姓叫作"下道朝臣"，在日本的天平十八年，即公元746年被赐姓为"吉备朝臣"。就是说，吉备真备跟"朝臣备"似乎还真的难脱干系。

读了我的文章，有的朋友就问我，"朝臣"是入唐朝拜之臣，还是在朝之臣？看到这样的疑问，我觉得有必要对"朝臣"略作解惑，不然很容易以汉语的语意来望文生义。

这里的"朝臣"虽写作汉字，但却不是汉语，而是日语中的一个古老词汇。"朝臣"是日本古代的一个姓，日语旧读 Asomi。后来又读作 Ason。

其实，"朝臣"作为古代日本的姓，中国方面的古代文献也有明确记载。宋人邓名世撰《古今姓氏书辩证》卷一〇"朝臣"

条云：

> 《元和姓纂》曰：日本国使臣朝臣真人，长安中拜司膳卿
> 同正，副使朝臣大父拜率更令同正。朝臣，姓也。谨按《日本
> 传》，其王文武遣朝臣真人粟田献方物。朝臣真人者，犹唐尚
> 书也。开元初，粟田复朝贡，从诸儒授经，诏四门助教赵元默
> 即鸿胪寺为师。其副朝臣仲满慕华不肯去，易姓名曰朝衡，历
> 左补阙、仪王友，多所该识，久乃还。天宝十二载，朝衡复
> 入朝。

检核日本古代的制度，中国方面的记述和理解，可能是当时出于语
言隔阂或翻译不甚到位的原因，有些不准确之处，不过视"朝臣"
为姓这一点，则是正确的。

关于"朝臣"这个姓的由来，在日本文献中有着明确记载。
天武天皇为了树立天皇的权威，于天武十三年（684）十月制定
了八色之姓。八色之姓依次为真人（Mahito）、朝臣（Ason）、宿
祢（Sukune）、忌寸（Imiki）、道师（Mitinosi）、臣（Omi）、连
（Murazi）、稲置（Inagi）。朝臣位居八姓之二。包括朝臣在内，前
四姓为赐姓。据《日本书纪》和《古事记》的记载，第一姓真人为
天皇五代以内的近亲，而朝臣则赐给与天皇亲缘稍远的皇亲。不过
也赐给苏我、石川、巨势、春日、下道等豪族，当时有势力的藤
原、石上，也被赐予了朝臣的姓。由于势力过大，原本位于真人之
下的朝臣，不久便发生逆转，成为地位很高的姓。到了平安时代以

后，居然成为第一位的姓。

我们举两个日本历史上的名人，来具体解析观察一下他们的姓氏。我们先看德川家康，他的全称为"从一位德川次郎三郎源朝臣家康"，这一长串名字很像是宋代官员笏板上写着的一串官衔，有官有职有差遣。具体解析来看，"从一位"为位阶，犹如中国古代的官品，"德川"为苗字（又写作"名字，发音为myouzi"），相当于现代日本人的姓，"次郎三郎"为通称，"源"为氏（uzi，即同一祖先的男性同族，有的还带有地缘与政治组织的痕迹），"朝臣"为赐姓（kabane），"家康"则是生前为名，死后为讳。我们再来看另一个名人织田信长，他的全称为"正二位织田右大臣平朝臣信长"。"正二位"为位阶，"织田"为苗字，"右大臣"为官位，"平"为氏，"朝臣"为赐姓，"信长"为名讳。尽管这是平安时代以后的例子，但古代日本贵族的姓氏规则都是一样的。比如比上面两个人时代稍早的平安时代末期和镰仓时代初期的太政大臣藤原朝臣九条兼实的名字中，藤原是氏名，"朝臣"是赐姓，九条为苗字，兼实是名。古代日本人没有姓，后来统治阶层首先出现了氏和姓。古代的姓是赐姓，类似爵位，是世袭的，我们讨论的"朝臣"便是这种性质的姓。

根据以上的考察，吉备真备出身于下道豪族，原名叫"下道真备"，在八色之姓制度确立后，将原姓"下道"之后，又缀以赐姓，便成为了"下道朝臣"。从唐朝回到日本十二年后，官居从四位的下道朝臣，又被赐姓为"吉备朝臣"。后来通称其为吉备真备，一部分还是用了他的原名。

"朝臣"作为拥有一定社会地位的姓，在古代日本并不鲜见。跟吉备真备一起入唐的阿倍仲麻吕的姓也是"朝臣"。这不仅在前述《古今姓氏书辩证》援引的《元和姓纂》中有所提及，在《旧唐书》卷一九九《日本国传》中也有明确记载："其偏使朝臣仲满慕中国之风，因留不去，改姓名为朝衡，历仕左补阙、仪王友。"

　　"朝衡"又作"晁衡"。记作"晁衡"似乎更为有名，李白等唐代文人与之交往，大多称之为"晁衡"。"朝"与"晁"同音，但我想这恐怕不是出于同音才率意而写。遣唐使入唐后，较长时间居住，一般出于方便，都拟定一个中国风格的名字，但这个名字跟原名总有些联系，就像今天欧美的有些汉学家根据自己名字的发音拟定汉字名字一样。与李训死于同一年的遣唐使井真成的"井"，有日本学者就推测，可能原作"井上"或"葛井"。我推测阿倍仲麻吕最初入唐拟名之时，还想保留"朝臣"的痕迹，所以叫了"朝衡"。后来觉得同音的"晁"更像中国人的姓，于是又易为"晁"字。无论用"朝"还是用"晁"，都有保留"朝臣"的心思在。

　　唐代诗人包佶有首题为《送日本国聘贺使晁巨卿东归》的诗。这里的"晁巨卿"就是晁衡。写作"晁巨卿"其实是错的。"巨"字当为"臣"字的形近而误。从《全唐文》到所有引述包佶这首诗的，几乎都误作了"巨"。有些当代人还以名公巨卿来谬解此名。只有周必大主持刊刻的《文苑英华》不误，记为"晁臣卿"。顺便说一句，文史考证，其实也是离不开校勘学的。拥有校勘学意识，可以意外地解开不少历史之谜。

　　从叫作"晁臣卿"也可窥见，晁衡即使在唐朝住了几十年，也还对表示他曾经的地位的"朝臣"念念不忘。称晁衡为"臣卿",大概或为晁衡所自拟之字。与"晁"姓连读,其中便隐含了"朝臣"。

通过对"朝臣"的考察,反观《李训墓志》最后一行"日本国朝臣备书",不管"朝臣备"其人是不是吉备真备,仅就这一表述本身来看,应当是没有错误的。以上所述,适为旁证。

（2020 年 1 月 2 日）

《金石录》中的日本国诰

　　包括司马光曾孙司马伋在内，最近发现的几件官诰引起了学界的很大关注。在过去，除了中土的王朝有官诰之外，接受汉字文化影响的周边国家也有官诰。有一则日本的官诰就在北宋时期流入到中国。这件官诰，被李清照的夫君赵明诚收集到之后，在《金石录》的最后，亦即卷三十，写下一则题为《日本国诰》的文字，具录如下：

　　　　右日本国诰，题康保五年。日本在海东，自汉以来见于史，然与中国不常通。宋莒公《纪年通谱》载其国年号九，而独无康保。其后毕仲荀见此诰，录于《通谱》之末，然不知康保是中国何年也。余家集录金石刻凡二千卷，外国文字著录，独此而已。

　　经历了唐代遣唐使的交流热潮之后，五代入宋，中日间的交流沉寂下来，民间的贸易或僧侣往来成为主要的方式。所以，赵明诚说在海东边的日本"与中国不常通"，因此他和另一个见到这件官诰的毕仲荀都不清楚日本的年号"康保"相当于中国的哪一年。

这份日本的官诰，由于《金石录》仅存跋语，没有录文，对形制以及内容都难得其详。不过，这份日本官诰的录本降至南宋末年似乎还可以见到。南宋人陈思在《宝刻丛编》卷十一对这份日本国诰移录《诸道石刻录》的记载说："其本在扬州太守李括家，元祐三年游师雄刻于长安漕台。"并且，从该书在此之后又引用上述《金石录》的文字可知，《诸道石刻录》之所记载，《宝刻丛编》之所著录，皆为赵明诚所说的那份日本国诰。

从上述记载，略可窥见这份日本国诰的中国的流传史。赵明诚说"毕仲荀见此诰"的毕仲荀，与赵明诚一样，也生活于北宋后期。据程大昌《演繁露》卷七记载，毕仲荀曾于元丰三年（1080）撰写过《幕府燕闲录》。而赵明诚说毕仲荀"录于《通谱》之末"，即是指毕仲荀接着宋庠撰写的《续纪年通谱》，记载了这份日本国诰。据陈振孙《直斋书录解题》卷四记载，毕仲荀的《续纪年通谱》记载到宋徽宗元符三年（1100）。物以稀为贵，不仅毕仲荀记载了这份日本国诰，神宗时代担任过陕西转运使的游师雄，还将这份日本国诰刻石于当年遣唐使活跃的长安。而扬州太守李括，也是北宋后期之人。据苏辙《栾城集》卷二八《李括知洋州》制词，"扬州"当为"洋州"之误。对于这份日本国诰，四库馆臣认定编者为蔡京、蔡卞、米芾三人之一的《宣和书谱》，在卷二十也有提及和著录。其云："如告有日本之康保。"又著录云："日本国康保伪告二。"由这一著录看，似乎日本国诰当有两份。

简单考察了这份日本国诰在宋代出现和流传的历史之后，便需要考察一下赵明诚所不知道相当于中国哪一年的日本年号

"康保"了。

在中国的文献中，除了北宋的记录，南宋末年的王应麟在《玉海》卷十三《历代年号》中也记有"康保"，并于其下注有"日本"二字。稍为详细记载这一年号的，则是清人钟渊映所撰《历代建元考》，卷一载有"康保"年号，其下注云："日本封上天皇。"又于卷十载："封上天皇立，改元一：康保。冷泉天皇以宋太祖开宝元年戊辰立，后传其子，自称太上皇，改元一：安和。"关于使用"康保"年号的封上天皇，《宋史》卷四九一《日本传》在记载日本天皇世系时有提及："次封上天皇，当此土周广顺年也；次冷泉天皇，今为太上皇；次守平天皇，即今王也。凡六十四世。"元初马端临的《文献通考》卷三二四《四裔考》也抄了《宋史·日本传》的记载。

那么，中国古代文献中关于日本天皇以及年号的记载是否准确呢？我们需要核对一下日本方面的文献。好在对于日本天皇的世次，并不难查。据日本学者藤井让治、吉冈真之编《天皇皇族实录》，使用"康保"年号的，当是日本平安时代中期的第六十二代村上天皇。《宋史·日本传》《文献通考·四裔考》《历代建元考》记作"封上天皇"都错了。"封"与"村"字形相近，当系出自传写之误。

村上天皇天庆九年（946）至康保四年（967）在位。作为皇太子，由朱雀天皇让位而即位。康保四年，年仅42岁的村上天皇驾崩。18岁的次子冷泉天皇即位，两年后，由于精神疾病，让位于其弟圆融天皇。《历代建元考》记载冷泉天皇即位之年相当于宋太祖开宝元年戊辰是对的，但说"后传其子，自称太上皇"则不准确。

"徐福行时书未焚，逸书百篇今尚存"，正如欧阳修的《日本刀歌》所吟咏的那样，自古以来，很早便开始接受儒学经典的日本，大多根据儒学经典拟定年号。比如现在使用的"平成"年号，就是出自《尚书·大禹谟》的"地平天成"和《史记·五帝本纪》所云"内平外成"。而"康保"的年号，其典故则出自《尚书·康诰》中的"古先哲王，用康保民"，意即"古时圣明帝王的治国之道，使臣民得到安宁"。

看来，自明治以来，无论日本的一些人多么想脱亚入欧，但从古到今，日本的中国文化底色，像染色体一样难以脱去。从一千多年前的年号"康保"，到今天的"平成"，是为明证。

（2015 年 6 月 15 日）

琉球与日本
——江苏省文物保护单位琉球国京都通事郑文英墓说明文字指瑕

日前，收到一册寄自冲绳的研究报告书。是我以前在早大的学生绀野达也君寄来的。前年，他博士毕业，前往琉球大学任教。

报告书题为《中国浙江和江苏所存琉球史迹调查报告书》。

绀野君附信客气地说，报告书本身的内容没什么，但所附照片可能有些意思。翻阅之下，其实内容也很有意思，特别是绀野君等研究者在实地抄录的明清诗文，就很有文献价值。当然，报告书中收录大量实地拍摄的彩色照片，最为直观地刺激视觉，首先映入眼帘。

其中，一部分照片让我很感兴趣。这是关于琉球使者墓地的照片。

清乾隆五十八年（1793）年初，郑文英作为琉球国入贡使者的随行人员来华，赴京途中，十一月病逝于江苏淮阴，安葬于当地。由于墓地位于一个图书馆的后院，因而虽历经风雨，却意外地免遭毁坏。

郑文英墓的说明牌，根据报告书的录文，为如下内容：

琉球国京都通事郑文英墓

郑文英（1744—1793），又名大岭亲云上，祖籍福建长乐。明洪武二十五年，其祖先随闽地 36 姓人东渡琉球拓荒，带去中国的文化与先进技术，到郑文英已是十五世。清乾隆五十八年（1793）一月二十三日，郑文英奉使来贡，于十一月十四日病逝途中，安葬于王营清口驿站（今淮阴区图书馆后院）。此墓是中日两国友好交往的历史见证。1980 年被原淮阴县人民政府公布为"淮阴县文物保护单位"。1987 年被原淮阴市人民政府公布为"淮阴市文物保护单位"。1995 年被江苏省人民政府公布为"江苏省文物保护单位"。

在报告书中，收录有标记省级文物的文字照片：

江苏省文物保护单位

琉球国京都通事

郑文英墓

江苏省人民政府一九九五年四月公布

淮阴市人民政府立

随着文物级别的升格，墓地得到不断修葺。郑文英地下有知，当感欣慰。

由上述郑文英墓的说明，可以概见这样的历史事实，即在明初的福建，有大量移民东渡琉球，在那里开发生息。郑文英祖先跟随的闽地 36 姓，仅仅显示大量移民的一隅。

这让我们可以想象的是，古代琉球国的经济繁盛与文化兴隆，实在是有着中国大陆移民的功劳在。日本学者很重视关于琉球历史的研究，中国的学者也应当关注一下琉球的中国移民的历史。这似乎尚属空白。

入贡的郑文英身份为通事。通事就是翻译。

明清时期的日本、琉球等地设置有汉语翻译，叫做"唐通事"。唐通事以庆长九年（1609）长崎的冯六宫为始。这种唐通事由通晓日语的中国移民担任。作为一种谋生的手段，唐通事成为世袭的职业。

因此，从明初移民到郑文英已经十五世，并且有了琉球人的姓名，但依然未忘母语。这固然有职业世袭的因素，不过似乎亦可窥见，在琉球的中国移民，大约也有类似唐人街那样的华人社区。这在客观上也构成了维持汉语不忘的语言环境。

琉球中国移民社会的研究，这又是一个课题。

关于郑文英的职务，江苏省人民政府的标识牌已有说明，为"京都通事"。

郑文英的墓碑现存有两块。

一块立于郑文英墓前，记为："琉球国朝京通都事讳文英郑氏之墓"。此碑并载有说明文字："此原石半缺，民国二十五年里人重立，兴化金应元书。"此碑的"通都事"乃"都通事"的误倒。民国间人不解"都"字制度背景，无足深怪。

另一块载于《淮安金石录》，记作："琉球国／北京大通事大岭亲云上郑文英之墓。"

通观两碑一说明，郑文英的职务当为"都通事"。此处"都"字乃"负责"或"担任"之意。这种用法在宋代的官署名与官名中便十分常见。如都作院、都教头等。

经台湾友人提示，得知收藏于早稻田大学的《琉球国中山王府官制》详细载有琉球国官制。于"协理府"下即设置有都通事、副通事和通事等官职。由此可见，在通事中，郑文英的职务级别较高，是翻译部门的负责人。

成书于18世纪初的《琉球国中山王府官制》，分别以汉语和土语记载琉球官制。"协理府"的土语记作"久米村总役"。而"久米村"正是汉人移民的聚落，即前面所说的类似唐人街那样的华人社区。

"都通事"的土语，即记作"大通事"。因此，被认为是郑文英去世之时所立碑称"北京大通事"无误，意为"前往北京的高级翻译"。墓碑以土语"大通事"的职务相称，正与称郑文英的琉球名"大岭亲云上"相应。

云为土语者，非俗称，而是指在琉球本土的称谓。同时期的日本也有中文翻译，被称为"唐通事"。据日本庆应三年（1867）成书的《译司统谱》记载，唐通事分为三等，即大通事、小通事、稽古通事。由此可见，大通事乃翻译中职位最高者。此亦可为郑文英大通事之称的一个旁证。

民国二十五年所立碑，人名、官名则均为汉语称谓。除有上述一处误倒之外，最为准确。此碑当亦渊源有自。郑文英职务全称为"朝京都通事"，意即朝贡入京担任翻译的人。

而江苏省人民政府的标识牌作"琉球国京都通事"则不确。这样标识误解了原本是动词的"都"字，与"京"字连成"京都"一词。这样，便传达给人一个错误信息，郑文英是琉球国京城的通事。

再者，细审关于郑文英墓的说明文字中"此墓是中日两国友好交往的历史见证"一语的表达，也欠妥当。

郑文英来朝之乾隆年间，琉球尚未为日本所吞并。日本吞并琉球国设冲绳县，是在郑文英来朝的八十多年后。因此应当历史主义地看待，不当以今日的疆域为基准，称作"中日两国友好交往"。倘若有人以此为证，说中国政府认为自古以来琉球就是日本的一部分云云，也是贻以口实。

涉外史迹文字，尤应准确，否则，既有失国体，又贻笑遐方。

（2011 年 7 月 13 日）

说"唐船"

——二百年间，中日交流单行道

何谓"唐船"？这是一个固有词汇，但并非字面之意，指唐代的船只。我们且来看一下《明实录》的记载。《熹宗实录》卷五八于天启五年四月戊寅条载：

> 福建巡抚南居益题，海土之民，以海为田。大者为商贾，贩于东西洋。官为给引，军国且半资之，法所不禁。乌知商艘之不之倭而之于别国也？
>
> ……闻闽越三吴之人，住于倭岛者，不知几千百家，与倭婚媾长子孙，名曰唐市。此数千百家之宗族姻识潜与之通者，实繁其徒。其往来之船，名曰唐船。大都载汉物以市于倭。

据此可知，所谓"唐船"者，乃江户时代日本人对中国船之称谓。这段记载，显示出明朝政府依然对倭寇之患心有余悸，不愿让中国人往来于中日之间。而反映的客观事实是，东南移民居于日本者为数不少。

为何提及唐船？缘于昨天在研究所听了一个讲座。演讲人是关西大学东西学研究所所长松浦章教授。这个讲座是我们研究所系列讲座"来自东亚文献学的招待"之26。松浦先生演讲的题目是"江户时代由唐船展开的日中交流"。

松浦先生是这一研究领域的专家，著有《清代海外贸易史研究》（朋友书店，2002年）、《江户时代由唐船展开的日中交流》（思文阁，2007年）等专著。

松浦先生的演讲，向我们揭示了历史上中日交流中鲜为人知的事实。

先设想一下，从明代后期到近代以前，也就是日本的江户时代（1603—1868），中日两国是如何交流的？

所谓交流，不就是你来我往吗？

非也。这一时期的中日交流，走的是单向道。

松浦先生在演讲的结语部分讲道：

　　　　清朝中国与江户时代日本的交流，以中国单方面来往日本的形态绵延持续了二百多年，这种贸易关系，在世界史上亦属罕见的事例。

那么，为何会出现中国单方面交而不流的奇特现象呢？

一切事情的发生，都有其自身的独特背景。

相当于中国的明末，即17世纪的前期，日本德川幕府实施"锁国令"。禁止日本人前往中国。不过，却允许中国船只来往于日本，但只限定于长崎一港。这一闭关锁国的政策一实施就是两百多年。长崎，成为唯一的交流窗口。

这个窗口接纳的，只有中国与荷兰。在 1938 年由长崎市政府编纂出版的《长崎市史》中，有如下的事实叙述：

> 长崎的外国贸易，只是与荷兰、中国的贸易。在之中主要是中国贸易。荷兰贸易船船体大，载物多，但来船少，只是一年一度，与中国船春夏秋三度到来根本无法相比。对华贸易额是对荷兰的两、三倍。

《长崎市史》还在序文部分对锁国时代中国船只来日的深层意义做了如下的发问：

> 对于长崎贸易史，仅仅叙述贸易及其沿革变迁是远远不够的。通过长崎的门户，由长崎的贸易途径传入我国的中国文化，给了我国的文化什么样的刺激？对我国文化的发展起到什么样的推动作用？并且中国丝织品与白丝的进口，对我国的纺织业、蚕丝业的发生与发展又产生了什么样的贡献？对这些文化史、产业史上的重要问题，在叙述长崎贸易时必须要加以考察。

关于这个问题，早在 1914 年至 1915 年的《史学杂志》分 8 次连载的中村久四郎的长篇论文已经有了充分阐述。中村的论文题为《近世中国对日本文化的影响：以近世中国为背景的日本文化史》。

论文从儒学、史学、文学、语言、美术、宗教、医学、博物学、汉籍等各种角度，对经由中国接受西洋新知识，以及政治、法律、物产、饮食、音乐、武术、风俗、游戏等诸多领域，进行了全方位的考察。

中村论文所用的"近世"一词，并不是内藤湖南和后来宫崎市定所指的宋代以后、近代以前的时期，指的就是明清时期。

中村在综合考察之后，得出了这样的结论：

> 近世中国对日本文化产生了重大的影响。这种影响丝毫不比唐宋时代的文物对我国的影响逊色。

这是极高的评价，并且是建立在事实基础上的评价，令人信服。同时这个将近一百年前的研究结论也是至今为人们所忽视的。

俯瞰中日交流的历史，人们大多看到的是遣唐使的频繁往来，看到的是日本对隋唐律令的引进，日本都城奈良对唐代长安的"山寨"，日本人对白乐天的喜爱，对《论语》的诵习。前近代民间交往的历史，在无形中遗失，在无意识中被遮蔽。

跟随着松浦先生的回溯，我们知道了下述事实。

在明末清初，来往于日本的唐船遍及中国整个沿海地区，而以台湾郑氏等反清势力为多。康熙二十二年（1683）台湾郑氏归降清朝。翌年，清朝颁布"展海令"。伴随着这一政策的实施，中国大陆与日本长崎的贸易船只骤增。松浦先生统计了元禄元年（1687）一年来到长崎的唐船，从三月到十月这样春夏秋三季，共有194艘唐船进入长崎港，乘员总计达9291人。仅六月一个月，就有98艘唐船入港，平均一天三艘以上，乘员达4432人，这是何等的盛况！

为了正常稳定的贸易，日本当局还为唐船颁发了往来贸易的凭证"信牌"。"信牌"全用汉语书写。

或许有人会好奇，当时中日贸易的物品都是什么呢？光绪初年驻日公使何如璋的《使东杂记》写道："中商多以棉花、白糖来，以海参、鲍鱼诸海错归。"看来无论何时，奢侈品在中国都是大有市场。

当然，清朝进口的不仅仅有奢侈品，还有制造钱币的铜。据松浦先生统计，在康熙五十五年（1716），清朝使用的铜，只有37.56万斤来自云南，而62.57万斤则全是进口自日本。

我问松浦先生，如此大量的铜进出口是不是由政府主导呢？松浦先生回答说，全由民间经营。

除了铜和一些日用品。唐船运到日本的商品最多的，是书籍与中药。当时书籍流通之快令人吃惊。多达一万卷的《古今图书集成》，还没有流入藩属国朝鲜，便抢先乘坐唐船登陆了日本。松浦先生说，进口到长崎的书籍，珍品都先被大名等有权势的人选去，剩下的才流通到市场。

松浦先生指出：

> 江户时代的日本与中国的文化交流，由于日本德川幕府采取锁国政策，日本人无法前往中国，基本上是以中国船只来日

的形式来维持的。因此，进入长崎港的被江户时代的日本人称作唐船的中国帆船，便成为了这一时期日中文化交流的大动脉。

大动脉，不可或缺，这个评价也相当准确，相当高。

90年代时，我帮助撰写东洋文库创立七十周年图册的汉籍解说，曾接触过不少江户时代的日本交流史料，知道在那一时期，日本对中国的兴趣格外高涨，是"汉流"时尚的时代。翻开日本的辞书，那个时代产生的带有"唐"字的词汇，居然有几百个。唐，是中国的代名词。

时至今日，还在日常生活中常用的词汇，就有"唐扬"（炸鸡块）、"唐辛子"（辣椒粉）等。

我问松浦先生，江户时代日本人高扬的中国趣味是不是与封闭锁国的压抑有关。松浦先生在肯定我说得有道理的同时，还补充说，也与对中国文化喜爱的传统有关。

听松浦先生关于唐船的演讲，让我深深感慨的是，在近代前夜，一艘艏体积不大的帆船，维系着中国与日本；一个城市一个港口，起到了为日本文化输血供氧的作用。唐船，民间大使，其功伟哉！

关于接纳唐船的长崎，《长崎市史》中的一段话很有深意：

> 长崎贸易，与中国广东唯一的对外贸易港很相似。然而，日本通过长崎贸易而接受的外国影响，与中国通过广东贸易而

接受的外国影响，两者相比，长崎贸易所带给的影响则是广东贸易无法比拟的巨大。仅此便可概见日中文化的差异。

我惊异将近一百年前日本人的敏锐与深刻。这里所说的广东唯一的对外贸易港，是指康熙二十五年（1686）开设的广州十三行。然而，为什么号称"金山珠海"的广州十三行只能成为"天子南库"，却没有像长崎港那样产生巨大的文化意义？这实在是值得深思的事例。

长崎港，奠基了近代日本。

感恩唐船，在长崎，每年还有唐船节。

由此，让我另外感触的是，有些城市，像是打开的一扇窗户，带给一个国家一个民族的是一个世界。不是吗？古代联系日本与东汉和三国时期的带方郡，近代前夜联系日本与中国的长崎。最切近的例子，还可以举出 20 世纪的香港。

（2011 年 7 月 2 日）

东瀛交流有别裁

——《日本典籍清人序跋集》跋尾

　　浙江工商大学日本文化学院院长王宝平教授得知我赴杭参加学会，盛情相邀前往讲演。如期赴约，不料宝平教授突患感冒，未能晤面，转托秘书以其新著一部见赠。新著为《日本典籍清人序跋集》，刚刚于今年2月由上海辞书出版社出版。开卷一览，墨香扑鼻。

　　《序跋集》收录晚清寓日文人为日本出版物撰写的序跋100篇。书的前半为施以标点的录文，后半为各书所载序跋之书影。有书影在，不惟示录文之有征可信，翻阅一页一页印刷各异的书影，亦如晤原书。宝平教授为读者设想得颇为周到。作为资料，书后还附有《日本典籍清人序跋一览表》《著作者简介》《序跋者简介》，供读者了解背景资料和知人论世。

　　此书所示，诚为治日中文化交流史者所忽略的一个领域。翻阅之下，十分钦佩宝平教授别具只眼。

　　做学问，别具只眼很重要。不过，对巧思妙想还要有付诸实践的努力，不然便会永远停留在空想的阶段。看似只是在一个念头的支配下俯拾而得的此书，实际上付出了宝平教授和许多有关人士的辛勤劳动。此书的资料是宝平教授赴日研究一年的成果，是从 20 箱复印资料中披沙拣金而得。

许多人不屑于做资料性的工作，认为并非学问。这种认识存有偏颇与自私。没有资料的积累，哪来研究的深入？无米之炊，巧妇难为。其实，收集什么样的资料，更包含了资料收集者的研究理念，也反映了资料收集者的研究积累。

何以宝平教授会编著这样一部书呢？对明治前期中日文化交流有着深入研究的宝平教授指出，日本在文化上的"脱亚入欧"完成于甲午战争之后。此前，尽管在政治上与中国渐行渐远，但由于思想的相对独立性和文化转型的滞后性，反而在文化上迎来了近代之前的最后一次中日文化交流的高潮。在这一背景下，在驻日使节和寓日文人的推动下，日本再现了痴迷地崇拜中国的现象。

我转述宝平教授上述这些话时，融入了我的理解。倘有偏差，责不在宝平。上述这些话，让我回想起已经故世十多年的挚友原岛春雄教授。专治中国近代史的原岛先生，有一次跟我说起明治前后的日本人对访日中国人的尊敬，说当时称中国人为"上国人"。其实，即使是后来走向了"脱亚入欧"，在日本人的内心深处，甚至是在潜意识之中，依然对中国文化抱有深深的尊敬。这是一种枝叶对根的尊敬。这种尊敬是一种恒久难变的底流。

"舌难传语笔能通，笔舌澜翻意未穷。不作佉卢蟹行字，一堂酬唱喜同风。"当时，像黄遵宪这样的饱学之士，深受日本文人的景仰。无论是著者还是出版商，纷纷请这些中国文人写序作跋，而当时的寓日文人也乐为此事。于是，中日文化交流在近代，便留给后世一抹绚丽的亮色。感谢独具慧眼的宝平教授，为我们展示了这余晖般的亮丽。

东瀛交流有别裁，此之谓也。

（2010 年 4 月 19 日）

四百年前，日本人这样赞美西湖

　　二十年前，我曾写过短文《范仲淹三至杭州考实》(《浙江学刊》1992年第2期)，考证出范仲淹在任职之外，早年也曾到过杭州。范仲淹在杭州写下不少诗文。我在那篇文章中写道："与范仲淹结下如此之深不解之缘的城市，除了杭州，恐怕再也找不出第二个了。"旧文重提，是想说，在江南的城市中，与我有着密切关系的，除了杭州，也居然找不出第二个。

　　从80年代以来，曾十多次到过这个美丽的城市，参加各种学术会议。

　　杭州的美丽，亮点在西湖。

　　杭州西湖，风光旖旎，景色迷人。宋人吴自牧在《梦粱录》卷十二"西湖"条便已称西湖"自古迄今，号为绝景"。苏东坡用了现成的比喻，写道："水光潋滟晴方好，山色空蒙雨亦奇。欲把西湖比西子，淡妆浓抹总相宜。"晴也好，雨亦奇，无须铺叙写实，一晴一阴，已曲尽西湖之美。再以美人作喻，天生丽质，清水芙蓉，不着雕饰之美，又跃然目前。

　　西湖之美，既出天成，也系建设，更在维护。唐朝白乐天筑堤捍湖，至今白堤犹在。在宋代，政府建设和维护西湖的力度尤大。《梦粱录》载，"庆历间，尽辟豪民僧寺规占之地，以广湖西"，就是说北宋时，政府收回富豪与寺观占地，扩展了西湖以西的面积。

不仅政府下力建设，还筹措资金，动员民间力量进行了维护。其中就有苏东坡的政绩。他向朝廷上奏说，"西湖如人之眉目，岂宜废之"。这句话亦如"西湖比西子"，以人喻湖。由于东坡的上奏，"遂拨赐度牒易钱米，募民开湖，以复唐朝之旧"。

南宋杭州成为国都临安，设立专门机构，配置人员设备，对西湖开始正规化管理。《梦粱录》载：

> 郡臣汤鹏举申明西湖条画事宜于朝，增置开湖军兵，差委官吏管领任责，盖造寨屋舟只，专一撩湖，无致湮塞。修湖六井阴窦水口，增置斗门水闸，量度水势，得其通流，无垢污之患。

按，据《建炎以来系年要录》卷一五七的记载，汤鹏举知临安府在绍兴十八年，是为南宋初年。此时已注意到防止西湖淤塞的问题，配置人员专司清理。并设置有斗门水闸，使湖水保持流通，以见清澈。

《梦粱录》接着又有记载：

> 乾道年间，周安抚淙奏乞降指挥，禁止官民不得抛弃粪土，栽植荷菱等物。秽污填塞湖港，旧召募军兵专一撩湖，近

来废阙，见存者止三十余名，再乞填刺补额，仍委尉司官并本府壕塞官带主管开湖职，专一管辖军兵开撩。

由这一记载可知，时光移转几十年，南宋初年的制度有所隳坠，因而，知临安府的周淙又请求增置清淤人员，由临安府主管水利的官员专门管理西湖。并要求明令禁止向湖中抛弃粪土，种植荷菱，以免壅塞湖港。周淙不仅着力于杭州建设，还为今人留下一部《乾道临安志》。

在政府行为的主导下，南宋时的西湖被维护得美丽异常。"春则花柳争妍，夏则荷榴竞放，秋则桂子飘香，冬则梅花破玉，瑞雪飞瑶"。近日为人称道的西湖八景，在当时已经被归纳出来。《梦粱录》载：

> 近者画家称湖山四时景色最奇者有十，曰：苏堤春晓，曲院荷风，平湖秋月，断桥残雪，柳岸闻莺，花港观鱼，雷峰夕照，两峰插云，南屏晚钟，三潭映月。

看来，所谓的"西湖八景""西湖十景"，最早是留心观察的画家归纳出来的。不过，《梦粱录》也感叹说："湖山之景，四时无穷，虽有画工，莫能摹写。"

说到"虽有画工，莫能摹写"，忆及曾读到过的一首古代日本人描绘西湖的诗。四百年前的明代正德年间，一个日本使者途经西湖，感慨西湖的旖旎，写下了四句诗：

昔年曾见此湖图，

不信人间有此湖。

今日打从湖上过，

画工还欠着工夫。

看来，这个日本人，早就看到过描绘西湖的画卷，因此慕名而至。及身至实境，更觉景色胜于画卷。《西湖游览志余》在记录此诗之后，感叹道："诗语虽俳，而羡慕之心，闻于海外久矣。"

常说风景如画，在这个日本人看来，实在是丹青难摹。

东南形胜，三吴都会，钱塘自古繁华。烟柳画桥，风帘翠幕，参差十万人家。云树绕堤沙。怒涛卷霜雪，天堑无涯。市列珠玑，户盈罗绮竞豪奢。　　　　重湖叠巘清佳。有三秋桂子，十里荷花。羌管弄晴，菱歌泛夜，嬉嬉钓叟莲娃。千骑拥高牙，乘醉听箫鼓，吟赏烟霞。异日图将好景，归去凤池夸。

北宋柳永的词让完颜亮对富饶美丽的杭州垂涎不已，雄心勃勃地写道："万里车书已混同，江南岂有别疆封。提兵百万西湖上，立马吴山第一峰。"

自古以来，便有天堂美誉的杭州，如今更是游人如织。今天看到报道说，杭州年客流量已达三千万人。这张中国的名片，这颗江南的明珠，真的需要所有人来呵护。

在今年三秋桂子的时节，还要去杭州。去开会，去看美景，去寻记忆。

（2011 年 6 月 23 日）

他山亦借他山石
——读高津孝教授编译《中国学的多视角：科举、出版史、女性》

前些年，鉴于日本的大学不开设中国通史课程，于是便发奋撰写了一部中国通史，题为《中国史略》，以作授课之用。杀青之后，想给学生开具一份参考书目，放在序章。查检书目，中文的倒是有不少，日文的也不缺，唯独翻译成日文的欧美中国史书籍寥寥无几。这个调查，再次印证了我长期以来的一个印象。这种印象，我在前几天贴在博客上《近藤一成教授与日本的中国史研究》一文的摘录中有所述及："平心而论，日本的中国史研究学者并不十分重视欧美的中国史研究，甚至在史料解读方面带还有些许藐视，所以在《剑桥中国史》已有了几种中文译本的今天，重视信息情报的日本，居然没有日文版出版。"

博文贴出没有几天，言犹在耳，便若有神使，一部专门介绍欧美中国史研究的日文译著就闯入到了我的书房。这便是友人、鹿儿岛大学高津孝教授编译的《中国学的多视角：科举、出版史、女性》。书刚刚由日本勉诚出版社在 4 月出版，高津教授便委托出版社寄来了。

不过，高津教授的译著并没有瓦解我旧有的印象，反倒是他的编译动机使我的印象更加巩固。高津教授在书的前言中谈道：

中国研究盛行的语言圈有三个。以中国大陆为主的汉语圈自然属首位，接下来便是日本的日语圈，和以美国为主、包括欧洲诸国的英语圈。尽管也有其他语言的中国研究，但上述三个语言圈当属最大。那么，这三个语言圈的中国研究是如何进行交流的呢？在汉语圈，英语圈研究著作翻译出版的盛行，十分引人注目。此外，日语圈由于地缘接近以及拜汉字文化圈所赐，论著翻译与人际交流也很兴盛。然而，日本的中国研究，将目前活跃的欧美中国研究纳入视野的研究成果则很少。本书就是鉴于这种状况，将欧美的中国研究稍加介绍。学术并非孤立的存在。欧美的中国研究是在欧美广泛学术影响的背景下产生的，值得我们学习之处很多。对于收入本书的各篇论文的学术领域，译者不是专家，完全是由于偶然的机会从事了翻译。因此，一定会有不少问题。不过，我很希望这部译著能对学术的发展略有帮助。

1958 年出生的高津孝教授，在日本学界，正由新生代步入中坚层。良好的英语素养是这一代学者的优势。在全球化的浪潮中，他们的中国史研究视野由中国遍及世界也是自然而然。前几年，他们组团参加世界性的亚洲大会，并在与会的一两年前便筹备演练的往事让我印象很深。

高津孝教授是其中学术信息敏感度相当强的一位。他从事中国文学，特别是宋代文学的研究，中英文俱佳。曾出版有汉语著作《科举与诗艺：宋代文学与士人社会》（上海古籍出版社，2005年），并翻译出版了他的留学生导师、南京大学周勋初先生的《中国古典文学批评史》（勉诚出版社，2007年）。

这部译著正如他自己所言，"由于偶然的机会从事了翻译"。译著中收录的译文，作为会议论文资料，我以前多数都曾读过。就是说，这些论文多数是作者受邀来日参加学术会议时的讲稿，高津教授受托翻译成为日文。不过，高津教授实在是个学术上的有心人。即使只是作为会议分发的翻译资料，他也没有用过即弃，而是加以整理，编为此书。于是，日本鲜见的欧美中国文史研究译著便得以问世。究其本源，还是出自高津教授的学术敏感。作为新一代学者，他感到了不满足，而要身体力行，改变目前的状况。

闲话少叙，现将本书的目录译出，一窥全书的内容。全书分为七个部分。

第一部　后现代主义问世以来的中国研究

　　李弘祺　《视角转向东亚教育与文化的遗产》

第二部　中国古典世界与女性学

　　柏文莉　《关于帝政中国女性史的资料》

　　《帝制中国女性史研究方法论：以朱熹告发唐仲友事件为例》

贾志扬 《宋代的皇后摄政：权力权威与女性》

第三部　宫廷史研究

贾志扬 《宋代宗室的政治与社会性质演变》

蓝克利 《宋代宫廷的景观：历史著作与政治空间的制作》

第四部　科举研究的新进展

魏希德 《南宋科举的学术史》

《帝制中国信息体制中尚未拓展的侧面：政府文书的普及与商业出版》

第五部　地域史与都市空间

包弼德 《地域史的兴起：南宋至元的婺州历史、地理学与文化》

裴志昂 《语言交流：唐宋中国的都市空间与文献地理学的变迁》

第六部　出版文化与中国风

贾晋珠 《中国出版和书籍的巨变：早期西班牙领地菲律宾的中国书籍与出版》

第七部　雕像讲述的平民文化

华澜 《湖南中部土著雕像考述：诸神、先祖、师长的崇拜》

上述论文中的作者，从名字上看，似乎个个都像是中国人，其实，大部分都是欧美人，而使用了中国风格的名字。以上的部分作者，相信国内学界会有些人知道，但也有一些不大为人所知。其中，我只有两人未曾谋面。因此，结合本书后记中高津教授的介绍，将我之所知，略述于下，以供学界知其人论其文。

李弘祺，美国纽约市立大学名誉教授，现供职于台湾交通大学。李弘祺先生生于台湾，当年弃理就文，以文科状元考取台湾大学的逸事，至今仍为学界所乐道。我们1985年即在国际会议上相识，他以《宋代教育散论》一书见赠。近年以来，几乎每年都在学会上晤面，最近的一次就是在今年3月。

柏文莉（Beverly Bossler），美国加州大学教授，以研究女性史闻名。我与柏文莉女士的结识，说起来也算奇特。几年前，柏文莉女士来日本东洋文库演讲，事先指定的翻译因临时有事而缺席，组织者便找上了我。同时也强柏文莉女士所难，让她用中文讲，由我来翻译成日语，当时分发的资料就是高津孝教授的译稿，而我也借此对女性史聊为补课。这段轶事，高津教授恐亦有所不知。

贾志扬（John W.Chaffee），美国纽约州立大学宾汉顿分校历史系教授，以研究科举而闻名。十五年前，台湾曾出版有《宋代科举》的中文版。五年前，国内亦曾出版他的《天潢贵胄：宋代宗室史》（江苏人民出版社，赵冬梅译）。在日本，在中国，与贾志扬教授大约也有四、五面之缘。

蓝克利（Christian Lamouroux），法国高等社会学学院教授，研究由宋及于明清，且以乡村调查见长。几年前，与他在日本的东方学会初次相见。会后一同游皇居、在日本酒馆小酌的情景，依然历历在目。

魏希德（Hilde de Weerdt），英国牛津大学副教授。比利时人。在美国哈佛大学包弼德门下学习，1998 年获博士学位。至少曾两次在学会上见过面，她是我认识的最年轻的欧美研究者。由于是女性的关系，她让我想起了 25 年前在学会上与美国学者韩森（Valerie Hansen）见面时的情形。那时，韩森才 26 岁。

包弼德（Peter Bol），美国哈佛大学教授，以中文本《斯文：唐宋思想的转型》（刘宁译，江苏人民出版社，2001 年）为国内学界所知。在几年前的昆明宋史学会以后，我们始有较多的接触。近几年来，包弼德教授在促进学术交流和建立宋代人物数据库方面，倾注了大量精力。

裴志昂（Christian de Pee），美国密歇根大学助教。裴志昂博士未曾谋面，据高津教授介绍，裴志昂博士为荷兰人，于 1997 年在美国哥伦比亚大学获博士学位。专攻唐宋元时代的帝国权力表象与文本书写，考古学也在其研究范围之内。

贾晋珠（Lucille Chia），亦于美国哥伦比亚大学获博士学位，现供职于加州大学河滨分校。如果我的记忆无误的话，贾晋珠教授是位华裔女士，十多年前在东洋文库曾经见过，并获赠她关于福建麻沙本的论文抽印本。

华澜（Alain Arrault），法国远东学院研究员。华澜博士出生于法国，先后在巴黎第一大学攻读哲学，巴黎第七大学攻读中国学。而后又留学于中国大陆与台湾。专攻中国思想史与社会史。

"他山之石，可以攻玉。"他山之外有他山，共同切磋琢磨的，是华夏这块美玉。让华夏先人的步履，给予世界以启示。我从心底里尊敬世界上所有中国文化的研究者，也期望着从他们的研究中获得启发。高津教授编译此书，主旨就在借他山之石以攻玉。他期待"这部译著能对学术的发展略有帮助"。我想，这是不言而喻的。

学术无国界，广采他山石，必会收获丰硕。

（2010 年 5 月 21 日）

此东京非彼东京

——读久保田和男《宋代开封研究》

开封是北宋的首都，作为宋朝的四京之一，又称作东京，跟日本首都的用字一样。不知是不是为了区别，同样的汉字，在日语中，两个地名发音不同。不过，不管怎么说，古今中外，就有这么两个有名的东京。

在中国的东京，我认识研究北宋东京的周宝珠、孔宪易等著名学者；做编辑的时代，曾担任过单远慕先生《宋东京考》整理本的责任编辑。还一度踏上过北宋东京故地。跟东京可谓有缘。

在日本的东京，包括在其周边，我则居住了二十年，把东京缘带到了东瀛。

跟东京的缘分，还不止于此。我与专门研究宋代东京的久保田和男先生也认识了将近二十年。久保田君是我的朋友早稻田大学近藤一成教授的学生，由于这个缘故，与久保田君也过从较密。

这二十年来，我常常收到久保田君关于宋代东京研究论文的抽印本。我没有求证过本人，在日本的东京长大，都市的重名，或许就是久保田君研究宋代东京的一个潜在诱因吧。在日本，中国的古典文学作品《水浒传》，仅次于《三国演义》，广为人知，早在70

年代初，日本便拍摄过电视连续剧《水浒传》。久保田君倒是说过，电视连续剧《水浒传》对孩提时代的他影响很大。

在早稻田大学，从本科一直读到博士的久保田君，二十多年，锲而不舍，专注于宋代东京研究，取得了丰硕成果。2003年，取得博士学位。2006年，《宋代开封の研究》由日本著名的汲古书院出版。这是他多年来研究宋代东京的集大成之作。这部厚重之作在我的书架上矗立还没过几年，中文版《宋代开封研究》便又从户隐高原——久保田君的任职地长野，来到了我的书房。

《宋代开封研究》作为王水照先生主编的《日本宋学研究六人集》（第二辑）中的一种，今年4月由上海古籍出版社出版。

《宋代开封研究》不仅是久保田君个人研究集成的中译，更代表了海内外史学界关于宋代东京研究的最新成果。

开封自古繁华。不过，开封的繁华伴随着北宋的灭亡戛然而止，从此厄运不断。北宋灭亡，黄河改道，开封频遭水患。仅明代便有58次水临城下，8次洪水淹城化龙宫。在中国的城市中，像开封这样倒霉的城市真还找不出几个来。除了铁塔和繁塔，宋代的东京已于地面荡然无存，就连号称数十米高的宋都外城，也因历年的洪水，深埋于地下。不仅是宋代，就连金、明时期的开封也不存于地表。

在开封，学者们一直在致力于宋代东京的考古发掘，但泥沙堆积重重，发掘困难亦重重。不过，一个逝去的都城的复原，已经立体地呈现出来。在哪里呢？在久保田君《宋代开封研究》的书中。

久保田君的《宋代开封研究》，可以说是对宋代东京的立体复原和时空展现。张择端的《清明上河图》，只是宋代东京的若干静止的特写镜头，但从久保田君的《宋代开封研究》，我们仿佛可以听得到当年的晨钟暮鼓，听得到官员们上朝的匆匆脚步声，听得到勾栏瓦肆的浅吟低唱，看得到九重宫禁的金碧辉煌，看得到几十万禁军的呐喊操练，看得到无坊无郭的自由叫卖。孟元老的《东京梦华录》，不过是对往昔繁华的零散追忆，但从久保田君的《宋代开封研究》，我们可以系统地审视这座都城的前生后世，检点开封在北宋一代由世俗都城走向神圣都城的步履。这是景深广角兼备的画面，并且拥有声色香味的动感。

开封何以称为开封？跟随着久保田君的追溯，我们可以知道，那里原本是春秋时期郑国的"启封城"，到了汉代，避景帝刘启的讳，这座名城才开始了称作开封的历史。久保田君的考察宏微相济。微到官僚早上起床的时间，庶民早上活动的开始时刻，以及城门或建筑物的位置、人口数量变化、城市治安、城市景观等考证。宏到对首都政治空间的讨论，对王安石变法与城市社会、权相蔡京与徽宗在都城的作为、道教的兴盛等考察。

与日本学者不大注重中国学者的研究不同，十年前便曾在开封游学近一年的久保田君，其宋代东京研究，不仅对史料搜寻几近无遗，更是全面吸收了以中国学者为主的既有的研究成果。我于1991年在《中国史研究》上的一篇论文，提到宋太祖曾指定有继承人。这样一个细小的问题，居然也为久保田君所注目，引述于书中。

久保田君的《宋代开封研究》，是中国都市史研究领域绽开的一枝瑰丽的花朵，对于一直在进行的宋代东京考古，也必将成为实际参考与理论基石。

前修未密，后出转精。全面吸收既有的研究成果，便具有了站在巨人肩膀上的高度。学术无国界，宋代东京研究在东京。不过，此东京非彼东京，在日本东京，在久保田君。当今，宋代东京研究，首推久保田君，殆非过誉。我以为。

附言之，译者郭万平，也是我的朋友。十余年前，郭君留学日本，曾同赴日本的宋史年会。仙台车站餐厅的啤酒，犹清爽在口。郭君在译后记中，记述了他与久保田君交往的趣事：未曾谋面的二人，相约在早稻田大学校门相见。临见面前，郭君才意识到，并未约好如何相认。等到了校门口，一切担心便烟消云散。犹如接头暗号，满面笑容的久保田君手持一册周宝珠先生的《宋代东京研究》。久保田君对于宋代东京研究之执着，由此概见。

久保田君在此书后记说，在此书完成后，打算结束他漫长的北宋开封之旅。倘若如此，窃以为可惜。宋代东京研究尚有很大的拓展空间，许多问题尚待探讨。略举小例，诸如范仲淹与吕夷简的迁都之争。如果以世界史视角看开封，研究前景则更为可观。

久保田，愿君更上一层楼。

（2011 年 10 月 23 日）

户隐高原的合宿

——第 35 届日本宋代史研究会参加琐记

合宿之后，忙忙碌碌，十来天过去了。不过，那静山寂野，那虫鸣草香，依然定格在听觉里，嗅觉里，记忆中。当然，这些都因合宿而存，因研究会而在。不然，平日里的寻常景色，随风而逝。

以下，是前几天记下的流水账。

8 月 22 日上午，从家里出发，乘京成线到鲁迅文章中曾经提到的日暮里，现在已成为一个交通枢纽。在那里买了往返的新干线车票，坐上京滨东北线到大宫，才坐上开往长野的新干线。这条新干线是前些年因为在长野举办冬季奥运会才开通的。坐了一个多小时，到达长野已是中午时分。

看看时间，离会议通知上介绍的长途汽车发车时刻还有近一个小时，便先找到长途汽车站，买好往返车票，就开始轻松地掠影长野风光。我是第一次来到这座城市。最后在车站附近的一家饭店悠闲地吃了午饭。看看时间已经差不多了，才踱步到不远处的长途汽车站。在那里，巧遇到早大的高井。等车之间，这次会议的干事、大阪大学的青木也赶来了。于是，我们三人同乘大巴前往合宿地——户隐高原。

向山中进发，大巴如在绿海的波峰浪谷中蜿蜒穿行。苍翠悦目，有一种逃离整日都是混凝土建筑的惬意。这种悦目的风光饱餐了近一个小时，到达了目的地越志旅馆。

选择这个旅馆进行合宿，有一点特别的理由。二三十年前，东大的中国史大家西嶋定生先生经常带学生到这个旅馆合宿。据讲旅馆内还留有西嶋先生放在那里的《大汉和辞典》等书籍。许多从事中国史研究的日本学者都到过这家旅馆。在暑假之前，听我的研究生班的学生讲，他们暑假也要来这家旅馆。后来我在网上查了一下旅馆这个月的日程安排，果然就在我们的合宿之后，便是那群学生的到来。青木在二十多年前也曾来过。所以，将合宿安排在这里，也有自将磨洗，追寻记忆的情结在，自然也包含有一种缅怀。讲了这么久的"合宿"，读者或许对这个日语词汇比较陌生。其实，合宿就是集训的意思，有时也把规模不大的比较专业的会议叫作合宿。像一年一度的宋代史研究会就一直称作合宿。合宿强调的是"宿"，合宿，集中住上几天之谓也。

不过，由于旅馆的规模不大，全体参加合宿的人被安排在三家旅馆下榻，我被安排住到距离越志旅馆有一百多米远的宫本旅馆。一路走来，附近的旅馆鳞次栉比。据说，可以滑雪的冬季才是旅馆的旺季。

到这里的大巴是一小时一班，我是到得比较早的。与我同住一间和室的水上先生，是初次见面，专业是陶瓷考古。他也是跟我前后到的。报到住下之后，晚饭前并没有特别的安排。于是，一下大巴就在正面映入眼帘的寺庙山门与陡峭石阶，便诱惑我前去了。我与水上相约前往。走近一看，原来并非寺庙，而是一间叫宝光社的

日本宋史研究会会场

神社。我们拾级而上，两旁的山坡古柏参天，郁郁蔽日。攀登了193级石阶，来到了山上的宝光社殿堂。宝光社大概是这一带有名的神社，颇具规模。也许不是假日，游人和参拜的人寥寥无几，让夕阳中的神社更增添几分幽静与神秘。

不信神佛，亦有祈愿。默祷，观景，拍照，小憩，然后沿原路下山。

晚饭后8点整，会议在越志旅馆40叠（约有60多平方米）的最大和室开始。青木简单致辞之后，是上智大学的今泉报告她关于宋代县令的研究。今泉这次主要是利用《清明集》和黄榦《勉斋集》中的有关判语进行研究。在日本、中国、韩国的书刊中，今泉迄今已发表了五篇关于宋代县令的论文。报告加上答疑，大约进行了一个半钟头。然后便原地不动举行了恳亲会。负责组织会议的几个大阪大学的研究生，准备了啤酒饮料和各种小吃，大家在草席上席地而坐，自由组合，或叙重逢，或谈学问，直至午夜之后。这样的程序，历次的合宿都是大同小异。来自各地的与会同道，大多至少是阔别了一年。见面之后，除了互相寒暄，还多以自己发表的最新研究成果的论文抽印本相赠。

第二天，从9点半开始，上午是北海道大学的小林晃与台湾政治大学的姚政志进行报告。小林是根据他新发现的宋人佚文进行的南宋后期政治史研究。小林的新发现引起了与会者极大的兴趣。姚政志则对于北宋神宗熙宁年间的祠庙政策进行了探讨。不过，他跳开历来从宗教政策考察的窠臼，另辟蹊径，从王安石变法的财政政策这一视点进行了考察。中午，则在各自下榻的旅馆品尝了长野特产荞麦面。午后，先是广岛大学的川合康浩进行报告。川合在由宋至明这样大的时间跨度内，集中对赣江中流（江西吉州）的移民与地域开发进行了考察。计量化的研究方法也让人耳目一新。然后，以大阪大学的浅见洋二、早大的近藤一成和任教于台湾暨南大学的滨岛敦俊为中心，全体参与，举行了座谈会，畅论在各个层面上的认识。比如，文学的领域，政治的领域，以及从与其他时代比较等等。总之，一切按预定进行。

入夜，刚好赶上当地举行一年一度的地藏盆节。晚饭后，我们三三两两前往地藏盆节的会场，沿途的大路两旁，每隔大约十米左右，就竖起一盏当地小学生做的灯笼，由近而远，绵延不断，亦颇见情致。会场上，当地的大人孩子都穿上传统服装，跟日本各地的夏日节庆并无二致。不过，在会场搭起的四五平方米见方的台子上，我第一次看到了日本式的舞狮。一个口耳会动的狮子头，连接一块很大的藏青色印有白色花纹的布，三四个人钻进布中，伴随着旁边演奏的音乐，进行舞动。舞狮与音乐显得温和亲切，并无武士的凶猛。

在会场附近的地藏堂，我看到了户隐的坐像。原来，户隐是个和尚，生活在相当于唐代中期的时代。长野的高原，因户隐而得名。

同日本各地的消夏习俗一样，会场还放了绚丽的焰火。

参观完地藏盆节，大约到了10点左右，第二次恳亲会又在前一天的会场举行。同样，直到午夜过后，才尽兴而罢。

从恳亲会的会场出来，深夜高原，万籁俱寂。群山黛青烘托着深蓝色的夜空。夜空中星光明亮，更让人感到一种都市里难得见到的澄净。深呼吸一下，空气也是凉爽而清新。

翌日，上午全体会议，选出新的世话人（相当于会长），确定来年合宿地，全部日程完毕。

这次的研究会，感到从学术上得到的最大收获和启示是小林晃的报告。细心的他，从寻常文献中居然集中发现了为数不少的《全宋文》《全元文》漏收的文章。我根据文献的性质与文章的内容，对佚文进行初步判断。可以断定，这些新发现的文章，并非像某些新发现的族谱中的文字那样，出于后世伪托，当属可信。特别是宋代部分的内容，对于研究南宋后期的历史具有重要的意义。对此，小林已经做了初步的研究。他发现宋元人文章的文献，并不稀见，就是民国时期的刊本。大概《全宋文》《全元文》漏收，也是出于意识上的忽视。由此可以想象，如果甘于寂寞，潜心阅读，细心翻检，应当还会有更多的斩获。对于宋代来说，这种发现的意义，并不亚于古代考古新发现。

（2009 年 9 月 4 日）

天水细说在东京

以往的日本宋代史研究会年会，都是选择在山间或海滨的避暑地召开，但今年的第 36 届日本宋代史研究会年会却是在东京召开的。这是我参加的离家距离最近的一次年会。

从日本各地远道而来的参加者，从 8 月 27 日晚便开始报到，住进酒店。而我和大部分住在东京和东京附近的人，则是在 28 日会议召开当天的早上，从容而来。与会者 30 余人。

上午 10 点，会议准时召开。会议主办方的早稻田大学近藤一成先生首先致辞。致辞中，对去年尚抱病与会的冈元司先生的病逝表示了悼念。

之后，会议报告开始。

第一位报告人是东京大学博士生梅村尚树，报告的题目是《到任何之？——地方官的到任与学校》；第二位报告人是早稻田大学的博士生深泽贵行，报告的题目是《南宋浙东路明州——以赵伯圭为中心》；第三位报告人是东洋文库顾问斯波义信先生，报告的题目是《旧中国社会的市、町、村》。请年过古稀的斯波先生报告，据说是将会议地点定在东京的一个主要因素。

午餐过后，会议继续进行。

主题切换，会议集中对 3 月刚刚结束的大型课题《东亚海域交流与日本传统文化的形成：以宁波为中心的跨学科研究》进行了总结。

首先是课题组代表小岛毅进行综合报告，题为《宁波项目总结》。然后分别由法制文化分课题组代表青木敦和宁博关系课题组代表中岛乐章进行报告。青木的报告题为《欧亚史中的宋朝》，中岛的报告题为《国际学会、研究会的成果与课题》。三人报告后，大家进行讨论。刚刚参加武汉中国宋史研究会归来的久保田和男，在发言中还介绍了中国会议的盛况。

晚上，是恳亲会。在一家中国东北菜馆，大家举杯畅饮，继续白天的话题。宴会后，余兴未尽，又有 20 多人，挤在一个不大的房间，进行宋代史研究会例行的聊天。大家边喝啤酒或饮料，边吃着各种小吃，海阔天空，直到夜阑方散。

翌日上午，举行全体会议。在研究会代表津田芳郎先生病逝后，去年会议决定暂由青木敦先生代理代表一职。这次会议一致选举青木敦先生作为日本宋代史研究会的代表，任期两年。原由冈元司先生管理的宋代史研究会网页也将由青木接手管理。

总会结束，主持人近藤一成先生宣布会议闭幕。

以上，就是此次日本宋代史研究会的全部日程，会议组织方式也与历次无异。

日本的宋代史研究会的开会形式，与国内学术会议人人提交论文进行分组报告不同，只是在相关主题下，指定几个报告人进行报告，其他参加者均为听众，并参与讨论。不仅是宋代史研究会，其他学会也基本上采用这种方式。报告人数虽少，但与会者可以细细咀嚼报告的内容。就我的体会来说，每次参会，总有收获。

以上是向关心学界动态的朋友进行的简要通报。个别参会感想将另文叙述。

前几天，我刚贴出《此东京非彼东京》一文，没过几天，便在"彼东京"畅话"此东京"，炎热夏季，也是清凉乐事一桩。

（2010 年 9 月 1 日）

他山之石东瀛风

——日本近四十年南宋史研究回顾

"华夏民族之文化，历数千载之演进，而造极于赵宋之世。"陈寅恪先生的这句话人们耳熟能详，对宋代在中国历史上的地位评价很高。在陈寅恪先生的评价以前，宋代在人们心目中的地位并不高，积贫积弱，按王夫之的话说，是"陋宋"。那么，陈寅恪先生何以会作出与通常认识截然相反的评价呢？除了陈寅恪先生自身的敏锐观察之外，应该还有来自外部的影响。这个影响来自东瀛。自那珂通世《中国通史》的中译开始，20世纪上半叶日本的中国史研究，极大地影响了中国学者。其中最大的影响就是内藤湖南首倡的唐宋变革论。内藤湖南那批日本学者，把宋代视为中国的文艺复兴时期，评价相当高，陈寅恪先生则是接受了这种认识。从此，宋代以一种全新的面貌回到人们的视野当中。从学术史的脉络寻觅，必须承认，是日本学者首先扭转了历来的宋代评价。

从内藤湖南开始，日本的宋史研究成为传统，并且打造了几乎贯穿于20世纪的举世公认的辉煌。其中就包括有南宋史研究。

纵观日本20世纪以来宋史研究的学术史，大致可以分为几个世代几个阶段。

内藤湖南、宫崎市定、加藤繁、周藤吉之、仁井田陞、曾我部静雄、中嶋敏、佐伯富等为第一世代，他们围绕着"唐宋变革"的主题，开拓了"君主独裁制""城市革命""商业革命""地主佃户制"等议题，奠定了日本宋史研究的基础。

斯波义信、梅原郁、竺沙雅章、柳田节子、佐竹靖彦、草野靖、荒木敏一、衣川强等他们的弟子形成了第二世代。他们当中的斯波义信在"江南经济史""宋代商业史""中国城市史"等领域，梅原郁在"宋代官僚制度""宋代司法制度"，荒木敏一在"宋代科举制度"等领域，都取得了重要成果。这两个世代的学者凭借本身扎实的功底和敏锐的观察，不仅对宋代制度进行了细密的考证复原，提出了许多至今仍有影响的重大议题，还在研究手段尚处于手工操作的前大数据时代，编制了大量的人名、地名、官名和语汇索引。这两个世代的研究成果和研究基础建设，不仅为日本的宋史研究带来国际性的声誉，还直接滋养了功底远不如他们的后几个世代的学者。

寺地遵、近藤一成、土田健次郎、大泽正昭、熊本崇、小林义广、津田芳郎、木田知生、宫泽知之、岛居一康、土肥祐子等属于第三世代。他们在基础训练和研究方法上，承上一世代的余泽，并尝试有所突破，在政治史、法制史、财政史、都市史、科举社会史、宗族史、农业史等领域上进行了细致的耕耘。

第四世代的代表学者则有久保田和男、冈元司、平田茂树、小岛毅、川村康、远藤隆俊、青木敦、须江隆、高桥弘臣、小川快之等人。他们接受全球化的影响，张开触角，关注欧美和中国的研究，努力摄取史学以外的社会科学方法论，在传统的研究领域内有了新的思考和突破。伴随第三世代的渐次退场，这一世代的学者目前正处于日本宋史研究的领军地位。

现在活跃于学界的第五世代则是以饭山知保、榎并岳史、小林隆道、小林晃、梅村尚树、福谷彬、小二田章等为代表的70后、80后学者。这一世代的学者在前几个世代的研究基础上，极大地受益于大数据时代的科技进步，沿着他们的老师所指引的路径，研究愈发细密。他们更习惯于走出书斋，寻碑访地，结合大数据，搜集第一手资料，注重国际交流。在第五世代之后又有一批生生不息的年轻学者涌现，人数虽然不多，但成就可喜。

具体就南宋史研究来说，从第一世代形成的传统开始，基本都是北南宋兼治，专治南宋者不多。比如斯波义信的《宋代江南经济史研究》（汲古书院，1988年），虽然以南宋为主，但叙述也是始自北宋。近藤一成的《宋代中国科举社会研究》（汲古书院，2009年），也有南宋初期的王安石评价、《绍兴十八年同年小录》三题、南宋明州庆元府地域社会、南宋四川类省试等研究内容。土肥祐子的《宋代南海贸易史研究》（汲古书院，2017年）中，南宋的内容占了绝大的比重。平田茂树的《宋代政治构造研究》（汲古书院，2012年）中也有从周必大《思陵录》《奉诏录》看南宋初期的政治结构等内容。小林隆道的《宋代中国的统治与文书》（汲古书院，2013年）的第一编《宋代的统治与文书利用》就是由《夷坚志》、朱熹《绍熙州县释奠仪图》、南宋的"备"与"牒"构成的论述。青木敦的《宋代民事法的世界》（庆应义塾大学出版会，2014

年）中的南宋女子分法再考、淳熙臧否及其失败、11—13世纪江西社会的法文化等，重点皆在南宋。小川快之的《传统中国的法与秩序》（汲古书院，2009年）的考察则从南宋延伸到了元明。梅村尚树的《宋代的学校》（山川出版社，2018年）主要是驱使南宋史料进行的研究。

虽然兼及南宋，但很少专治南宋。这既与日本学者通观两宋的认识有关，也是著述方式使然。日本学者很少以专书的形式从事理论建构，多是积累到一定时期，甚至是一生，把自己的既刊论文进行精致的逻辑重构，实际上是以专书面貌出现的论文集。因此，才北南宋混杂，反映自己一生的研究轨迹。还有些学者一生并没有结集专著出版，不少单独刊发的论文，业已取得了辉煌的建树。比如已故的千叶焭先生几乎将宋代所有有案可稽的后妃都写过论文。研究两宋后妃，这些论文是绕不开的存在。还有东洋文库研究员渡边纮良先生有关于南宋初年范汝为暴动的论述和南宋官制"八路定差法"的考证。

检索了一下，迄今已经出版了近160部的"汲古丛书"当中，明确标明"南宋"的只有一部，这就是大泽正昭的《南宋地方官的主张》（汲古书院，2015年）。此书的副题是《读〈清明集〉〈袁氏世范〉》，透过研读这两部南宋典籍，重点考察了作为连接国家与基层社会的地方官的认识、判断和对策。其实，大泽正昭是以唐宋农业史研究而闻名的学者。这部书是他长时期主持译注《明公书判清明集》的成果。像大泽正昭这样，研究领域由北宋转向南宋的日本学者不少。平田茂树近年来也专注于对魏了翁、洪咨夔书信的研究。

在日本，专治南宋史的当属寺地遵，他于 1988 年出版的《南宋初期政治史研究》(溪水社)，是开日本专治南宋史端绪的著作。这部着力于考察南宋高宗朝的著作，在政治过程论的理论建构方面颇得学界重视。刘静贞教授将此书译成中文以后，先后在台湾和大陆出版，已为国内学者所熟知。在南宋思想史领域，近年来有一位 80 后学者的专著问世，这就是京都大学博士福谷彬的《南宋道学的展开》(京都大学学术出版会，2019 年)。这是一部置于政治史视野之下对南宋道学进行的 "瞻前顾后" 式的综合考察。关于南宋财政史研究，爱知大学副教授长井千秋著有《南宋财政史研究序说》，此书有日本国会图书馆公开的电子书，纸质书尚未见出版。国会图书馆还公开有曾留学浙江大学的新潟大学博士榎并岳史的博士论文《以神道碑为中心对南宋理宗朝政治状况动态把握的尝试》。中嶋敏先生的弟子安野省三在明清史研究领域饶有建树，跟我们一起参与东洋文库的《鸡肋编译注》研究班，以 80 高龄居然写作出版两本著作《庄绰〈鸡肋编〉漫谈》和《续篇》(汲古书院，2012 年、2014 年)。

在文献学方面，以南宋为主的著作，还可以举出 70 后学者、东京大学副教授榎本涉编纂的《南宋元代日中渡航僧传记集成》(勉诚出版，2013 年)，相关著作尚有西谷功《南宋、镰仓佛教文化史论》(勉诚出版，2018 年)，以及笕文生、野村鲇子合著的《四库提要南宋五十家研究》(汲古书院，2006 年)。英年早逝的广岛大学副教授冈元司曾在杭州大学留学，是一位非常优秀的学者，生前发表不少相当有分量的南宋史研究论文。去世后，由我们集资为他编纂出版了《宋代沿海地域社会史研究》一书（汲古书院，2012年）。已经从东海大学退休的小林义广教授，近年来专注于南宋江西吉州地域社会的研究，已发表有十余篇论文。不负期待，在本文执笔之际，一部厚重的《南宋江西吉州的士大夫、宗族与地域社会》，便由汲古书院遵著者所托寄来，摆在了案头。

还有一位值得介绍的专治南宋史的学者，尽管尚无专著，但很有潜力，这就是熊本大学副教授小林晃。他以研究南宋中后期的政治史为主，从孝宗朝的侧近政治到专权宰相韩侂胄、史弥远都有论文发表。

拥有一定数量的在读博士生的存在，更是代表着日本南宋史研究乃至中国史研究的未来。我大致看了一下近些年发表的一些中青年学者有关南宋史研究的论文，荦荦大者，列名举要。有井黑忍以金、南宋关系为主轴论述第二次澶渊体制的《受书礼所见十二至十三世纪欧亚东方的国际秩序》（收录于远藤隆俊、平田茂树编《从外交史料探索十至十四世纪》，勉诚出版）；高桥弘臣《南宋临安的仓库》（《爱媛大学法文学部论集》人文学科35）、《南宋临安的粮食问题》（《爱媛大学法文学部论集》，人文学科37）；小二田章《〈咸淳临安志〉的定位》（《中国》28）；新田元规《程颐、朱熹先祖祭祀方案中的身份含义》（《中国哲学研究》27）；宫崎圣明《南宋末期贾似道与宗室、外戚的对抗关系》（《历史学研究》935）；森本创《南宋初期的茶马贸易与吐蕃诸族》（《骏台史学》154）、《南宋初期的马政与川陕地方》（《明大亚洲史论集》19）；远藤总史《南宋外交仪礼都复兴与再编》（《南方文化》44）；村田岳《〈癸辛杂识〉"置士籍"考》(《集刊东洋学》118);原瑠美《南宋临安对马的使用》(《马讲述的东亚世界史》);甲斐雄一《南宋诗文与出版》(《中国》33);奥田裕树《南宋士大夫考》(《历史研究》59-1、2);山本健太郎《"祖宗之法"与宋代的国都》(《中国社会与文化》32);清水浩一郎《南宋末期理宗朝执政的兼职与序列》(《宋代史料的回顾与展开》,汲古书院,2019年);毛利英介《十五年的等待:南宋孝宗内禅与对金关系》(《金、女真的历史与欧亚东方》,勉诚出版,2019年)等,不遑枚举。

包括南宋史研究,日本的中国史研究尽管已经失去了往日的辉煌,但毕竟随时代变化而变化,在与时俱进。跟第一世代、第二世代乃至第三世代的学者以独学为主的孤立研究相比,第四、第五世代的学者有如下几个特点。

第一,"抱团取暖",在日本文科不景气的当下,更注重集体协作,互相切磋。以年轻人为主的日本宋代史研究会一年一次,已经举办四十余次,并且按主题编辑了多本论文集。每月一次的大阪宋代史谈话会,已经举办了几百次。从2005年到2010年,小岛毅主持的"东亚海域交流与日本传统文化的形成——以宁波为重点",几乎把日本主要的中国文史研究学者都网罗在课题组织之内。这一课题出版了几十本相关研究成果,多数都与南宋有关。

第二,"十里一徘徊",注重总结回顾。在90年代末,在佐竹靖彦、近藤一成的组织下出版有《宋元时代史的基本问题》(汲古书院,1998年),此书有中华书局2010年出版的中译本。十年前,远藤隆俊、平田茂树、浅见洋二又组织编写了《日本宋史研究的现状与课题》(汲古书院，2010年)，包括政治史、法制史、财政史、地域社会史、家族宗族史、城市史、地方志与石刻、儒教思想、佛教道教史、文学、绘画史、五代十国史、辽金史、日宋交流史，全面总结了80年代以来的研究状况，提出了新的课题。

第三，"跳出三界外"，打通断代与学际界限。现代日本学者已经很少自我画地为牢，从历史叙述单一化的政治史、经济史、思想史几大块走出。不仅北南宋混同，上溯隋唐，下及元明清，历史、思想、文学、考古、美术等不同领域的学者也常常济济一堂，互相碰撞，接受刺激。

第四，放眼世界，展开交流。跟老一代学者相比，从视野到行动，新一代学者更具有开放性。在二三十年前，阅读日本学者的论著，发现引述讨论的大多仅限于日本本土学者的日文著述，学术杂志上发表的译作也很少。在学术会议上，也很少看到外国学者的身影。现在则不同了。论著的引述、杂志的译作，日本以外的研究成果相当普遍，而学术会议中的外国学者已经占有相当的比例，甚至常有合办会议的状况。日本学者的眼界已经相当开阔，对欧美和中国等相关领域的研究不再陌生。包括老一辈的土肥祐子在内，东洋文库的石川重雄、爱媛大学的高桥弘臣等学者都与国内南宋史研究中心建立了长期稳定的学术联系，受聘为兼职研究员。

第五，研究领域广泛。相比较前三个世代的学者，新生代的学者尽管缺少综合训练，但课题的选择则变得比过去传统的领域拓宽很多。许多博士生的论文题目很专很窄，但却填补了一个个以往不曾注目的空白。

第六，展露头角的学者不多，默默耕耘的年轻学者不少。在日本中国史研究走向衰落的表象背后，这种现象其实显示着底蕴。60后、70后乃至80后的中青年学者当中，将来一定会有人成为挺拔的大树，让日本的中国史研究再添光彩。

同样是海外汉学，日本跟欧美有很大的不同。作个比喻，中国学者研究中国史，是置身于房间之内的观察，由于只缘身在此山中，往往或许会不识庐山真面目。欧美学者是站在房间外面的眺望，对房子的地理位置乃至整体轮廓看得清晰，但对房间内部则不甚了了。日本学者由于曾经同处汉字文化圈，又从中学到大学都有汉文亦即古代汉语的训练，在史料解读方面并不比中国学者逊色多少。因此他们对中国史的观察，可以说是一脚门里一脚门外，处于若即若离的状态。这样的状态，决定了日本学者研究中国史的优势所在。包括日本，对于海外的中国史研究，乃至汉学研究，有一点需要清楚地认识，这就是，他们的研究是站在自身角度对一种异文化的观照，在意识或潜意识中都有与自身历史或文化的比较。

海外汉学无论多么兴盛，顶多会生长出若干棵参天的大树，不能指望会出现成片茂密而长久的森林。这一点，日本也是如此。包括中国史研究在内的汉学的学术之林，只能出现并生长于中国本土。不过，即使是几棵大树，便足以使我们仰视，那片绿茵也值得我们瞩目。海外汉学论著的观察视角和研究方法，会是一股清新的风，给中国学者的研究带来良多的启发。

（2020 年 8 月 10 日）

白发不让青丝

——聆听斯波义信先生演讲感怀

8月28日，在第36届日本宋代史研究会上，聆听了斯波义信先生的演讲。在活跃着的日本东洋史学者中，斯波先生的国际知名度相当高。他的著作多有英文和中文版刊行。中文版有《宋代商业史研究》《宋代江南经济史研究》《中华帝国晚期的城市》，还有即将在明年由北京大学出版社推出的《中国城市史》。

这次演讲，斯波先生提供了两份资料，一份是专为这次会议准备的1页资料，题为《传统中国社会的市、町、村》，另一份比较详细，有9页，是斯波先生今年3月的一份演讲提纲，题为《由乡镇所见的传统中国城乡关系》。

斯波先生以宏观的视角介绍了他的研究成果。他将中国历史上的城市划分为八个层级，并将历史划分为四个阶段：上古、帝国初期、帝国中期、帝国后期，逐期介绍了各个时期城乡关系的特点与变化。斯波先生在经济史研究中运用了多学科知识，并且见微知著，长于从一些细小的事物观察大的变化。比如，"村"这个表示集合空间的文字，产生于魏晋南北朝时期，斯波先生举出这一细小的事实，捕捉出一个时代的变化。

看似容易却艰辛。一部部皇皇巨作的背后，是斯波先生的几十年锲而不舍的辛勤劳作。比如对宋代商税的统计，斯波先生是一一检核了《元丰九域志》和《宋会要辑稿》等史籍，对当时1135个县、1851个镇以及2034个商税机关进行了详细统计后，用数据来支撑他的结论的。无限风光在险峰，但跋涉的过程是艰辛的。

在最后的《余论：反思的背景》中，斯波先生将经济史研究纳入了政治、地理、宗教等多角视域，考察与文臣官僚制的关系，探索城市的中心意义。

以上所述，是对斯波先生3月演讲提纲的归纳。

在专为这次会议准备的1页资料中，斯波先生以《中国社会史研究的问题》为题，提出了四点颇具启发性的问题。

第一，中国从世界范围看，也是一个规模最大的社会单位。尚未探索清楚之处很多，仅此而言，便是一个极有前途的研究领域。

第二，无论是研究还是分析史料，对制度和政策的制定意图与实施状态不加区分，无视地域偏差，武断地停留在是与否的结论随处可见。

第三，与社会统合相关，人口的动态、职业的分化与阶层化、集落的类型、家族同乡帮会之类的组织、流动迁徙以及市场的作用、人际关系等多方面的实际状况尚不清楚。

第四，仅仅依赖传统的汉学方法训练出的史料学，难以接近上述实际状态。需要把实际调查的成果纳入参照系，如华北农村习俗调查、"满铁"习俗调查、台湾私法、巴城华人公馆档案、东亚同文会调查、各种契约文书等。还需要与中国的地域考古学者、地方史学者加强合作。

斯波先生讲这些，既是自励自期，又是对年轻一代学者语重心长的期待。上述话语，不仅指出了研究缺陷，更是一种方法论的指引。无论是否专治经济史，细细咀嚼，都会有所收获。

在会上，读到上述的第二点时，联想到二十五年前，我在《论宋代相权》一文的开头，对制度的设立与制度的实施必须加以区分进行过强调："政治舞台上风云变幻的事实与制度的具体实施，往往与君主的主观意图及制度设立之初衷相悖。因此，如果我们只注意了前者，忽视了后者，就往往会惑于一些表面现象，难以揭示出潜藏于表象之下的本质性的东西。"那时，我未满30，思维尚是活跃，故能发此之想。斯波义信先生今年已经年届80，思维依然如此活跃，实令我等后辈感慨、钦佩。

俗话说，姜是老的辣。斯波先生不仅在研究成果上矗立起一座令人仰视的山峰，在研究方法论上，更是白发不让青丝。

我的祈愿：

斯波先生，老当益壮。年轻后辈，不负所望。

（2010 年 9 月 4 日）

从"不安"求解

——增渊龙夫先生百年祭

予生也晚，在我大学毕业的第二年，即1983年，增渊龙夫先生便已过世。七年之后，我方踏足岛国。是时，增渊先生墓木已拱。据岸本美绪先生讲，增渊先生在中国广为学界所知，有部分论文曾被译成过中文。不过，无知如我，增渊龙夫仅仅是一个符号的存在，对其学说所知甚少。最近，因应约撰写一篇书评，从我的好友、早稻田大学教授近藤一成先生的叙述中，了解到增渊学说的一些梗概。进而查阅资料，觉得这是一位多少探得了中国历史和社会真谛所在的学者，"老吾老以及人之老"，以我之孤陋，推想国内学界除了秦汉史领域之外，至少是年轻一辈或许寡闻，因略述增渊学说，以期从中获得启发。今年，适为增渊龙夫先生百年诞辰。此文亦聊作百年之祭。

一

刚好一百年前的1916年，3月3日女孩节，一个男孩在山清水秀的那须高原，栃木县那须郡乌山町诞生了，这就是日后杰出的历史学家增渊龙夫。时光快速翻页，1940年，在家乡县立乌山中学走出的增渊，已经在东京商科大学完成学业。东京商科大学战后更名为一桥大学，是一所坐落在东京西部的以经济研究闻名的国立大学。毕业后，增渊到福岛高等商业学校就职。

两年后，想继续从事研究的增渊辞去教职，又回到母校，成为东京商科大学东亚经济研究所的研究人员。1945年就任东京产业大学东亚经济研究所参事。1947年，返回东京商科大学担任副助手，从此便与东京商科大学结下不解之缘，直到退休，未曾离开。1949年成为副教授，1957年升任经济学部教授，1960年转任社会学部教授，1962年获得一桥大学经济学博士学位，1970年担任社会学部的学部长，1975年担任一桥大学附属图书馆长。在一桥大学，还担任过大学评议员以及小平分校主事等要职。

除了一桥大学，还先后在东京大学、庆应义塾大学、东北大学、冈山大学兼任讲师。作为社会职务，曾任日本图书馆协会大学图书馆部会长。1979年退休，获得名誉教授称号。翌年，被聘为私立成城大学经济学部教授。1981年出任成城大学研究生院经济学研究科长。1983年早春，因突发脑血栓住院，三个月后的5月12日去世，享年67岁。

二

述及增渊龙夫先生学术，首先有必要考察其学术背景。增渊原本并非研究中国史出身，在大学期间，他师从上原专禄专攻德国中世纪经济史。大学毕业后，增渊是作为德语老师到福岛高等商业学校就职的。再度回到东京后，增渊转向以先秦两汉为主的中国史研究。早在 1951 年，便发表了一篇很有影响的题为《汉代民间秩序结构与任侠的习俗》的论文。包括这篇论文，作为论文的结集，于 1960 年由弘文堂出版了《中国古代的社会与国家》。此书一出，便在学界引起轰动，被誉为名著，在增渊生前便已售罄。1996 年，日本著名的出版社岩波书店又出版了由其弟子增补改订的新版。

目前活跃在日本明清史研究第一线的著名学者岸本美绪先生回忆，她通过后来成为我们学习院大学校长的小仓芳彦先生《中国古代政治思想研究：〈左传〉研究笔记》的引述，得知了此书的存在。阅读之后，感受到冲击般的震撼。在岸本看来，此书运用社会学方法，将中国社会的个性十分清晰地描绘了出来。她说，增渊对中国社会个性的把握与内在的理解对她的研究产生很大的影响。

岸本的讲述折射的是一件个人体验的个案。增渊《中国古代的社会与国家》的出版，还在当时的学界掀起了论争的波澜。这就是有名的"西嶋/增渊之争"。相对于西嶋定生重视国家控制之下的秩序，增渊龙夫重视民间的人际结合。究竟是国家还是民间？"西嶋/增渊之争"作为研究史叙述，到今天相关领域的新一代学者也依然无法回避。

增渊的研究首先以《史记·游侠列传》为基础，从中国古代人们的人生方式与生活感情切入，将"任侠"作为关键词加以展开。关于游侠精神产生的背景，增渊认为，春秋战国时期剧烈的社会动荡，使以血缘为纽带的世袭贵族统治体系解体，伴随着游民层的出现，下层民众势力上升。面对这种状况，统治阶层吸收游民，养士作为私属，以期扩充势力。由此出现了"食客三千"的现象。"士为知己者死"，甚至可以为认可自身价值的主人舍身赴死。食客与主人有着紧密的结合关系。当然也有因待遇差和不认可其价值而离去的情况。增渊的研究还把视线投向了超越血缘关系的墨家，认为墨家的"兼爱"说正是在当时社会性结合的背景下产生的。

增渊的研究着眼于传统中国的秩序结构，从内在的逻辑观察中国社会的结构。他认为在传统中国，公的秩序的虚弱往往造成强有力的私的人际结合。内在的理解是增渊在研究方法上的一个关键词。内在理解观照下的人便不是抽象的人，而是带有那个时代特征和心性的具体的人。

从增渊所描述的中国社会面貌中，可以拈出"不安定"这一关键词。从不安定社会去考察在不安定状态下生活的人们的行动，两千年来秩序问题便成为最为深刻的问题。在表面上秩序井然的皇帝统治体系的背后，实际上存在着不确定的弱肉强食的一面。因此个人层面的结合形成私人性质的秩序就成了人们的追求，从而便形成了各种团体。这些团体并非是在安定秩序下自然形成的，而是在激烈竞争之下产生的，这又使社会更为不安定。在这样的背景下，团体内部的专制，其性质则又产生非合理的一面。

令人感兴趣的是，增渊最初受到的是欧洲史研究的训练，不过他却反对带着西洋的眼镜观察亚洲社会。这也是他对日本的中国史研究进行反省的一个初衷。不过，他并非空洞地反省，而主张从具体问题的解决出发。增渊从任侠切入的研究，可以说正是他的具体操作。

在进行具体实证操作之后，增渊将视野放宽，写出了《关于历史家的同时代史的考察》这样气势宏大的论著。其中他对日本两位史学研究大家津田左右吉、内藤湖南在特定的时代背景下所从事的历史研究进行了犀利的分析。对津田左右吉的批判，增渊认为他是以西方的框架来机械地解释中国。对内藤湖南，增渊则认为他没有正确评价中国民族的主体性和革命，又为日本侵略中国寻找理由。后来京都学派成立了以谷川道雄为首的湖南研究会，对增渊的内藤批判进行了全面反驳。在近藤一成先生看来，双方的争论都是在同一层面进行的。其根底应当追问的是，历史是什么这样的本源问题。

三

"一切历史都是当代史。"1960 年代"冷战"的背景，也是促成增渊审视和批判内藤湖南的一个因素。应当说增渊是那个时代的左倾学者，这由他反对接受美国亚洲财团和福特财团的巨额中国研究基金可见一斑。我们今天叙述内藤湖南的唐宋变革论，实际上剥离了内藤提出议题时的具体背景，将其抽象化，作为一种历史分期来认识。显然，增渊犀利的目光一直没有从内藤议题的背景离开。

研究中国的增渊作为大学教员访华团的一员，曾在 1977 年踏上过中国的大地。

在以长寿著称的日本，增渊年仅 67 岁便溘然长逝，甚为可惜。不然，可以想象，假以天年，增渊会有更为精彩的论著嘉惠学界。在增渊逝去的同月，他的学界同仁和弟子编辑的《中国社会与民众——增渊龙夫先生退官记念论集》由汲古书院出版。

"西嶋／增渊之争"，使二人并称双璧。作为中国史学者，增渊则与日本史学者网野善彦，在日本并称为以社会史方法从事历史研究的先行者。从 1957 年开始，增渊便以他的学术成就和影响，一直担任日本的社会经济史学会的理事。而他的名著《中国古代的社会与国家》，甚至被誉为史学界研究中国社会必读之"圣经"。遗憾的是，这部名著至今尚无中译本。*期待有识之士早日将增渊的学说介绍到中土。

增渊的内藤批判和内藤弟子的反驳，让增渊在学术文化的层面上被再度关注。较之这些，我更看重增渊早年对学术本身的贡献。从增渊的学术训练和学术成果所得到的启示，与我一贯的主张颇相契合。这就是：

第一，做中国史须有世界史的视野。从欧洲史起家，又有本国日本史观照的增渊自然具有这样的视野。

第二，做断代史须有通史的视野。增渊研究先秦两汉，但他对当代中国都具关怀，因此可以对日本的东洋史研究进行全面反省，能够对内藤湖南的宏观理论提出批判。

第三，增渊对无序（与秩序相对）的关注，其实也是对历史的偶然性的强调，反对机械地套用各种理论，反对机械地理解制度。

第四，增渊对人的内在喜怒哀乐生活感情的关注，也提示我们，人是历史活动的主角，历史研究应当直指人心。

审视增渊的学术方法和特色，再环顾增渊之后日本东洋史学界

---

*　值得欣喜的是，该书已由友人东京大学博士、复旦大学教授吕静译出，于 2017 年由上海古籍出版社出版。

的学术取向，让我产生了这样一种感慨。尽管增渊的论著让很多学者惊叹和震撼，也直如一道闪电般炫目，却并非巨石入水，生出层层波澜与涟漪。日本的中国史研究还是沿着老路，关注制度史、事物史以及事件史，尽管有时这样的研究也可以以小见大，引出大议题，但毕竟不是增渊那种直指人心的路径。

一匹令人惊艳的学术黑马，横空出世，最终广陵散绝，成为学术特例。学术史的苍穹上，星座孤独。如此想来，在天国的增渊很寂寞。

再叹予生也晚，不然愿执鞭随镫。

（2016 年 11 月 12 日）

近藤学案

一、引言

早稻田大学教授近藤一成先生是我的老朋友。从 1985 年在杭州国际宋史研讨会上相识，已经交往了二十多年。在那次会上，或许是发型、相貌有些相似，我们两个常常被别人认错。后来到了日本，这种情况还时有发生。作为一种缘分，我们也彼此以兄弟相称。在日本，将近二十年以来，我们一起参加东洋文库的宋史研究会，从事《宋史选举志译注》《朝野类要译注》等作业，并且我在早大兼课，亦有同僚之谊。

今年，近藤一成先生的著作《宋代中国科举社会的研究》，列入"汲古丛书"，由相当于国内中华书局的日本汲古书院出版，实为可喜可贺之事。说可喜可贺，之于近藤一成先生是可贺，之于海内外宋史学界为可喜。此著为近藤一成先生二十年来发表论文之结集，乃其迄今为止的研究结晶。

收入此书的论文单篇，在刊行之初，都收到过近藤一成先生签名的抽印本，曾经拜读过。因此，对近藤一成先生的学术思路与研究成果，早有一定的了解。这次结集成书，更为观察近藤一成先生的学术特色与成就，提供了一个全面视野。所以，不揣浅陋，以概述的形式向国内学界介绍《宋代中国科举社会的研究》一书，兼作近藤一成先生学述如下。

二、《宋代中国科举社会的研究》内容概述

前面说过，《宋代中国科举社会的研究》为近藤一成先生二十年来发表论文之结集。不过，在编成此书时，近藤一成先生并不是像通常的论文集那样简单按发表时序的堆积，而是花费心思，进行了精致的逻辑重构。以下为全书目次纲目的概略译述。

第一部　国制篇：宋代科举、学校制度与文人官僚
　　第一章　宋初的国子监、太学
　　第二章　"庆历之治"小考
　　第三章　王安石的科举改革
　　第四章　蔡京的科举与学校政策
　　第五章　南宋初期的王安石评价
　　第六章　《绍兴十八年同年小录》三题
第二部　地域篇：宋代明州庆元府等地域的士人社会
　　第一章　南宋地域社会的科举与儒学——以明州庆元府为例
　　第二章　鄞县知县王安石与明州士人社会
　　第三章　宋末元初湖州吴兴的士人社会
　　第四章　王安石所撰墓志解读——地域、人脉和党争
　　第五章　南宋四川类省试中的地域问题

以上就是此书除了序论与结语之外的主要构成。依据近藤一成先生的序论，对上述各章的内容概述如下。

　　第一部国制篇，主要是围绕着宋代特有的科举制度的确立，对一些问题进行的考察。从唐末五代的武人支配体制中成长起来的宋朝，如果与唐朝相比，版图大幅度缩减，但是它没有成为继五代之后的第六代，而得以再次作为统一王朝继续支配的原因，首先应该是没有遇到太大的摩擦而进行了向文治体制的转移。文治体制中不可欠缺的文官，原则上不是以门第，而是通过以个人能力为基准的科举从全国选拔出来并进行任用。近藤先生认为这是宋朝得以维持王朝向心力的主要原因。此外，中国近世的科举和学校制度密切相关，所以，尤其是中央与地方的公立学校，都是作为科举的补充而存续，几乎没有实现其本来的教育机能的机会。这种状态的形成，是由于宋代科举制度在确立过程中，官僚选拔的科举和官僚养成的学校合二为一，用当时的说法，就是把取士权和养士权的统一作为目标，而这样行动的结果，却有悖于初衷。国制篇关注的问题就是，作为科举社会形成的主要原因的科举与学校制度。

第一章《宋初的国子监、太学》，追踪汉代以来建立的太学被改变实质后出现于宋朝仁宗时国子监的过程，指出在这一背景下，学生已非从前的国子，而是从庶民中选拔成为主流，加上所谓之解额，即分配给地方府、州、军的初次考试合格者的名额，也给予了作为继承唐代的学校进士制的宋代太学。因为在都城参加考试有利于科举的最终合格，所以出现来开封的考试者数量剧增等情况。不能无视进士的地域差别，在当时这样的呼声越来越高。这类问题在此章中也有所涉及。在第二代皇帝太宗推行文治政治的大方向决定之后，科举合格者的数量急剧增加，地方上对科举反应敏感的应试者也蜂拥而至，但是被送到中央的大量乡贡进士水平过低，让中央政府非常烦恼。因此，在官僚录用制度中的养士和取士一致性成为课题的同时，采取了糊名、誊录等措施，防止舞弊，进行了科举公平化的制度改革。在防止舞弊技术性改革告一段落后，以什么样的考试科目来选择合适的人才进入官僚队伍，接下来便成为重点。由此展开了关系到科举制度本质的议论。

第二章《"庆历之治"小考》，聚焦在庆历年间，对士大夫政治及他们的政治改革进行了检讨。与科举、学校制度的改革密切相关，宋代政治与文化的主要担当者士大夫走上历史舞台。与官僚的身份相称，是这些士大夫的形象问题。此外，对于那场政治改革遇到挫折的原因也进行了探讨。与此同时，还探讨了如下问题。尽管王安石新法中存在着继承庆历新政的因素，但在改革的推进者中，以欧阳修为首，直至王安石新法时代仍然健在的许多士大夫，却站到了反对新法的一边。通过检讨其原因，力图揭示出士大夫政治的特色。

第三章《王安石的科举改革》，通过对此次著名改革的再考察，尝试将宋代科举的特质在中国史上进行定位。由于帖经、墨义这样的背诵考试和诗赋这样的才艺考试，无法选拔出与官僚要求相匹配的人才，所以转向了以经义为中心的考试。这种改革，不仅仅是考试科目的变更，而且与宋学的展开以及士大夫政治最终规范的经学解释相统一等问题相关联。粗粗看上去，王安石和司马光对改革的议论共同性非常多，实际上他们描绘着各自不同的王朝国家理想面貌。朝着这样的目标，他们将科举做了自己的定位。此章还指出，在新法失败之后，即使是在旧党执政时期，科举也并没有回到王安石改革之前，当然也没有走向王安石所希望的学校成为官僚养成的场所这样的最终目标，便迎来了实际上是北宋最后时代的徽宗朝。

第四章《蔡京的科举与学校政策》是此书论述的一个重点所在。作为导致北宋灭亡的罪魁祸首，蔡京不仅对徽宗奉承，而且作为宰相只顾保全自身的行为非常明显。不过，令人颇感兴趣的是，在历史上评价极低的蔡京，却是使王安石的科举、学校构想在形式上得以实现的人物。其结果是，他的政策对中国近世科举社会的形成产生了决定性的影响。蔡京在王安石的科举改革初期熙宁三年的殿试中合格后，迎合当时的权势，官位得以顺利升迁。蔡京入仕之初，就与学校政策相关联。作为官场中对学校制度最为了解的人物，他进行了种种活动。一成为宰相，便立刻扩大从学校直接任官的路径，不久就废止了科举，实行官僚原则上由太学毕业生补充的"天下三舍法"。科举虽说是要通过乡试—省试—殿试这样三次考试才可以得到一次释褐的机会，但以县学—州学—辟雍—太学这样的顺序，依次递进直到任官，则更需要大量的时间和努力。因而志在仕途的人们，还是集中到了作为过渡期的措施而保留下来的科举，学校并不受欢迎。最后，蔡京依照官户的标准给予地方学校的学生免役等特权，试图通过利益诱导来吸引学生。这样的做法显现出了效果，全国的学生数激增，估计最终达到30万人以上。但是，这样做的同时，也给"天下三舍法"的继续实施带来困难。原则上，所有的县、州都应该建立学校，收容学生，设置教授，但是这在财政上是不可能的。而地方学生被授予免役的特权，则给以劳役为前提所建立的地方行政带来问题。因而，这样通过学校的养士与取士合一的官僚录用制度，仅仅十几年就出现了挫折。与庶人相区别，在南宋《清明集》的判语中，屡屡提到在刑罚等方面享有优待的"士"。他们作为地域有力者层，属于蔡京的"天下三舍法"政策之下出现的地方学生的系谱，他们中的多数，较之入官，更以确保地方势力地位作为第一要义。这些人可以称为地域精英层的母体。由此，此章得出这样的结论，与科举相关联的士庶之别渗透到地方社会的契机，正是蔡京的科举与学校政策的实施带来的。

第五章《南宋初期的王安石评价》，概观考察了高宗朝道学派官僚们的动向，以及秦桧的弹压与党争。南宋初期，追究新法党政治导致北宋灭亡的原因，一般被认为这是体现旧法党价值观的时代。不过，此章对于这样的看法进行检讨，却发现了如下的事实，至少在高宗朝，徽宗朝以来专治王安石学问的实务派官僚的存在不容忽视，而旧党的道学被官方认可，则是在1240年以后的事情。

第一部最后的第六章《〈绍兴十八年同年小录〉三题》，从朱熹登第的同年小录入手，讨论与此次科举相关事件，如省试第一而殿试排名最后的徐履的本末、绍兴陆氏的科举策略、朱熹的本贯问题等，从中可以一窥当时科举的实际状态。

第二部地域篇，是关于科举社会主角的士人层与地域社会的考察。

第一章《南宋地域社会的科举与儒学——以明州庆元府为例》，以史料比较丰富的明州庆元府为例来设定课题。宋代科举，不同地域的进士合格者数目差别很大，大量的先行研究已指出这一点，并对原因也进行过讨论。此章不是关于地域合格者总数的比较，而是关注地域的进士合格数在不同时期的增减问题。根据解额制，各州的考试合格者的数目是固定的，但由于省试不实行地域分配，所以不同地域最终合格者的数量每次科举都不同。此章在这样的前提下，考察了南宋的东南沿海十州军，将其大致分为三种类型。也就是从高宗朝开始到度宗朝的渐增型、渐减型和维持一定数目不变这样三种类型。明州庆元府是在理宗朝达到顶点的渐增型的典型。如果从士人社会的形成与展开的视角来捕捉这种倾向产生的原因，应当如何解释呢？近藤先生的具体操作是，对于南宋末年活跃的学者官僚王应麟和黄震，对比考察了两个人登第时的家庭状况、年龄、名次以及登第后的任官等。作为一种俯瞰，同东亚海域世界的发展相关联，此章考察了唐末五代、北宋灭亡和华北战乱大量的移民流入而成为新兴开发地域的明州，及这一地区士人社会的形成过程。

第二章《鄞县知县王安石与明州士人社会》，以明州士人社会形成的起点北宋庆历年间作为讨论的对象。首先指出了历来研究对后世的史料不加鉴别地用来论证明州士人社会盛况的问题。此章以同时代的王安石的记述为基础，进行了史料批判，得出的结论是，所谓明州"庆历五先生像"，是在明州士人社会确立和全盛的南宋后半期，作为诉说自身来历传奇需要而编造出的历史影像。这一历史影像有着这样的形成经过：从王应麟定型，后来又由入元后其弟子袁桷的著作确立并被继承下来。像这样的地域士人社会创造出的地域历史影像，并不仅仅是虚构的。尽管与现在的形态不同，但呈现出来的同样是历史认识与历史事实的关系问题。此外王安石、舒亶等与地方有关的人物的形象，从中央政府编撰的史书和地方志的叙述中，也可以看出差异。从中也可以体味到，超越单纯的中央、地方二元对立框架的关系。

第三章《宋末元初湖州吴兴的士人社会》，是在进士数量推移方面，以与明州正相反的递减型湖州为例，对其递减的原因进行了考察。具体则是以赵孟頫为周密所作的《鹊华秋色图》为线索，检讨了赵孟頫与周密的关系。先食宋禄而后仕元的赵孟頫，与持有拒绝出仕对立立场的周密，这两位同是湖州出身者一直保持着来往。和新兴的开发地明州不同，湖州自古以来就以山水景胜而闻名，大量的名族、士大夫寓居在这里，从对琴棋书画等传统文化的喜好中寻求着人生的快乐。对他们来说，官位是必要的，但这需要长期准备费心劳神才可获得，并且还有不确定的因素，因此他们更期望以可靠而轻松的恩荫方式出仕。此章推测，士人社会形成这样普遍的氛围，其背景是科举合格者的逐渐减少。不过为了支持这样的看法，近藤先生也提到，还需要进行对可进行比较的事例的研究和从不同视角出发的多角度验证。

相对以上对明州庆元府的考察，此后则是对个别问题的处理。

第四章《王安石所撰墓志解读——地域、人脉和党争》，是对王安石《临川集》收录的112件墓志、墓表进行的考察。在这些墓志、墓表中，男性凡82人，其中有官者进士及第的39名，诸科、恩荫、武官等等25名，总计64名；无官人12名；此外还有宗室6名。在女性30名中，有官者的夫人22名，有官者母亲3名，宗室夫人3名，其中大部分都是官僚的妻子。近年来，中国史研究对出土墓志的使用虽然颇为积极，但是多以唐代以前为中心，宋元时代大量的墓志铭收录于个人文集中，很少被看作是石刻史料。到明清时代，除作为宗族和个人传记资料的族谱等之外，还有其他丰富的文献存在，墓志的利用也是有限的。此章将宋代石刻史料学的确立纳入视野，就王安石撰写的墓志中所显示的北宋士人的地域归属意识、人际关系和党派意识进行了考察。科举登第对于地域、人际关系的形成也成为重要的契机，可以确认的是，科举社会是王安石所撰墓志的大框架。本来应该是被埋在墓中永远向后世传达先人功绩的墓志铭，当时作为士大夫的作品被同时代的人广泛阅读，由这样的状况也可以观察到宋代士人社会的一个侧面。

第五章是《南宋四川类省试中的地域问题》。类省试作为南宋初期实行的临时性措施，后来仅在四川继续推行，其弊端被中央屡屡指出。此章讨论了科举在特殊环境中的存在状况，考察了科举社会的地域性。此外，还涉及四川的进士数目问题。四川地方志中残存的合格者姓名，和四川出身的魏了翁《鹤山先生大全集》中收载墓志铭反映的四川进士合格者姓名有着很大的差异。通过地方志"选举门"——包括对类省试进士的收录——复原的合格者数目的准确度，至少在四川存在着很大问题。近藤先生进一步指出，地域性不只是士人社会的问题，也关系着南宋的国家形态。

第六章《宋代的士大夫与社会——黄榦的礼的世界与判语的世界》，作为士人的个案研究，此章举出朱熹的高徒兼女婿黄榦的事例。在追溯他的生涯的同时，还论及了朱子学社会地位的确立以及士大夫的理念与现实等问题。中国历史中，传统意义上的士，经过唐宋变革期，作为新兴士大夫官僚，确立了在新的政治体制中的政治位置。而科举作为士大夫官僚再生产的装置，发挥了应有的功能。此外，士作为北宋中期出现的新思潮的承担者，在新世界观形成的过程中，也确立了参与筹划的地位。然而，与政治和思想的层面相比，在社会中、特别是在地域社会内部，士大夫、士人层在整合后的稳定位置尚未确立。士人作为地域的有力者，被规定为形势户，或是被冠以豪横的称呼，就表明了这样的事实。可以说士人在现实社会中的存在形态，与之在政治上、思想上的地位并不相称。各自状况不同的士人，作为个人，或者是作为亲族集团、学派、官僚集团，都具有各种各样的方向性。这些方向性综合起来就构成了时代的方向。黄榦所显现的士人应有的风貌，与总的时代方向有着怎样的关系？对后代的历史产生了怎样的影响？如果进一步把聚焦于在这些士人的南宋中期地域社会的结构，与北宋社会进行比较，是在北宋以来延长线上存在的同质事物，还是北宋社会成熟形态的变化？抑或是在这个时期才出现的带有某种新的要素的社会？在此，近藤先生提出了若干重要的问题，都是与确定这一时代历史性特质有关的重要课题。这表明对宋代科举社会的研究，尚是路漫漫其修远。

第三部个人篇，是关于苏轼的一些问题的讨论。名列唐宋八大家、又是宋代的代表性诗人的苏东坡，作为典型的文人，至今仍为中国人所喜爱。他是一位做到了翰林学士、礼部尚书职位的士大夫官僚。作为官僚的经历，他本人也未曾逆料，会卷入新旧两派党争的漩涡，并被看作是一方的头目，在政治的波涛中持续颠簸一生，并两度遭到流放。属于科举社会最上层的苏轼，在多方面发挥了他的才能。关于他的研究，与士大夫社会、士大夫文化紧密相联。此篇的论文是从科举登第开始，以作为文人官僚的苏轼为中心进行的研究。

第一章是《苏东坡应举考》。本贯为成都眉州的苏东坡，初次考试是在哪里取解的？此章以《苏文忠公诗编注集成总案》的记事为线索，考证出他是违反本贯取解的原则，在开封府进行的寄应取解。此章还对这种行为的背景进行了探索。根据当时的科举规定，这是明显的违法行为。不过，以他荐为原则、自主应考的科举未必是最好的官僚录用制度，这种传统认识当时仍然很顽固。必须注意的是，以能力主义为原则被评价很高的科举，作为我们现代人的感觉，尚有考虑不到的一些方面。如果考察人际关系、即所谓的"人情"在苏轼身上所发挥的作用，作为中央政府高官到成都府担任知府的张方平的存在，便浮现出来。主导年轻的苏轼、苏辙兄弟积极应试的，是他们四处奔走谋求官职的父亲苏洵。直至登第后应试制科，四川地方上一个有势力的家族便被推上了天下望族的地位。

第二章是《张方平〈文安先生墓表〉与〈辨奸论〉》。为了使第一章的看法成立，必须进行这一章的论证。张方平执笔的苏洵墓表，一直被认为是伪作，宫崎市定先生也认为如此，似乎已成定说。但是实际上墓表本身并未论及这一问题。墓表中首次出现的苏洵预言王安石奸邪的《辨奸论》是否伪作，却成为后人议论的主题。按照文章的逻辑性，既然《辨奸论》是伪作，初次面世的墓表以及苏轼所作感谢张方平执笔的谢书也应当是伪作。但是如果仔细考察墓表，可以看出伪作说不能成立，墓表所记述的苏洵、苏轼、苏辙父子的传记数据是可以使用的。"事实"以及叙述、流传相互缠绕的"历史"应该如何剥离，此章以此为例进行了展示。

第三章《苏东坡犯罪——〈乌台诗案〉考》，考察了记录有名的北宋文字狱的稀见原始史料《乌台诗案》。被认为是根据御史台的调查文件而刊行的该书，具体记载了从御史台立案到神宗的裁决为止的一系列经过，构成了无可模拟的内容。此章展示了对于现行《乌台诗案》进行多重考察的宽阔视野，诸如文献学考察，御史弹劾状列举的罪名，律、敕的适用款项与最终决定刑名的落差，以及旧党人士被广泛波及的连坐范围和政治关联等。

第四章是《苏东坡〈黄州寒食诗卷〉与宋代士大夫》。苏轼因乌台诗案而被流放到黄州，在那里写下了《黄州寒食诗卷》。此章对这件被视为代表中国书法史上最上乘的作品，从中国文化史的视角进行了考察。作为历史研究的材料，利用中国书画时，与书画本身同样，其上所记的题跋也非常重要。寒食诗因为加上了黄庭坚的跋诗而价值倍增。而黄山谷所写题跋的原委、其后诗卷的流传，这些都诉说着什么是士大夫文化。大正十三年在京都恭仁山庄被添加的内藤湖南的题跋，对这个诗卷的来由说明，则显示出内藤湖南的博识。近藤先生感叹往昔日本中国史研究者所具有的对士大夫文化的理解深度，认为在这里甚至凝缩着日本的宋代中国史研究基本问题。

第五章《知杭州苏轼的治绩——宋代文人官僚政策考》，分为上下篇。上篇考察了苏轼的救荒政策，下篇考察了苏轼对高丽的政策。均是利用苏轼的上奏文作为分析的基础材料。在进行史料批判的同时，近藤先生从复原当时的历史状况入手，考察了与之相应的杭州知府苏轼的言论行动。上奏文这种官僚的提议或请求，自然受到视野和有目的的事实解释等制约，但通过以这种制约为前提的解读，也可以从中获得足够的历史研究的史料。围绕救荒政策制定对现状认定和地方官同僚的固执，以及在中央的党争与政策判断、具体施策，对于这些，士大夫官僚的关联程度等问题，讨论对象也是多方面的。此外，在苏轼严厉的对高丽政策的背后，显示着福建海商集团的活动，这也是历来文献史料中没有完全考察清楚的课题。分析苏轼的主张，可以清楚宋朝的海商与高丽人的合作对两国外交政策的影响。对于当时的东亚海域世界，近藤先生认为这是今后有待进一步深化研究的领域。

第六章《西园雅集考——宋代文人传说的诞生》，和第五章一样，也分为上下篇，是对中国美术史上有名的西园雅集的图和记进行的考察。上篇主要是围绕着雅集是否为历史事实这一历来的争论，对争论问题之一的记的作者米芾，在元祐初期的停留地点进行了考证。结论与通常的说法不同，认为米芾当时去开封的可能性比较大，但这并不能直接证明雅集存在的事实，只是表明包含弟子在内的与苏轼有关系的人一起举办雅集，并显示了这样话语的形成与传承过程的重要。下篇对画的构成进行了分析，指出了西园雅集图和雅集的传承在北宋末即已形成的可能性。像文献记载中那样，徽宗朝对苏东坡的弹压只是一味的禁止，这样的理解过于单纯。近藤先生指出，中国史上历史评价的问题，是中国历史形成过程中的问题，这样认识非常重要。

三、《宋代中国科举社会的研究》总体概观

近藤先生的《宋代中国科举社会的研究》出版后，在学者之间，关于此书的书名，曾有过有趣的议论。有人说书名中"中国"两个字是多余的，有的人则予以反驳，认为这是近藤先生有意加上去的。对于这个问题，我没有向近藤先生确认过，但我的意见却是倾向于后者，当是近藤先生有意为之。"宋代中国"（Song China），既是指宋这一时代的中国大陆，又是在中国历史长河中确定的一个坐标。近藤先生正是在居高临下的通史大视野之下，立足在这一坐标之上，承前及后，对中国的科举社会进行剖面式的考察。

全书以士庶之别这样的支配与被支配观念为线索，贯穿于中国史始终，考察了从唐末到五代、宋发生巨大改观的中国社会。最终目标则是，企望阐明持续到 20 世纪初辛亥革命为止的传统王朝近千年的体制再生产构造。由点及面，透过对若干个案的考察，近藤先生试图回答的是这样一个大课题。对于这样一个难于驾驭的繁难课题，近藤先生举重若轻，巧为操作，把科举作为王朝体制再生产的关键，将着眼点落在他所熟悉的宋代科举社会、科举文化的形成与展开这样具体的问题上，从而避免了空泛议论，王朝体制再生产的过程与状况透过宋代得以清晰显现。这一研究，为考察宋代以后的中国科举社会提供了前提，奠定了基础。

到唐代为止，状态稳定且区分倾向很强的士庶之别，由于科举的导入，区分的标准实际呈现出流动状态。士庶（即农、工、商）之别不再是固定身份制，而是一种职业制上的划分。并且不只是在科举中合格，被承认具有应试资格与能力等与科举相关之事，也成为进入士人阶层的条件。在士大夫和庶民之间，出现了大量被称之为士人的中间层。获得经济上、社会上的安定的唯一路径，可以说就是科举合格。为了保证科举合格，经济上、社会上的安定又是必须具备的。这样相反相成的条件同时并存，上升、下降的严酷竞争，把社会构造变革的能量导向了社会流动。

就像敦煌壁画造像中的"反弹琵琶"，逆向思维往往会观察到另一番意想不到的景象，这样的研究也会得出新颖的结论。历来，对于科举，研究者关注的多是"春风得意马蹄疾，一日看尽长安花"的金榜题名，却极少关注那些大量的落第者。近藤先生指出，科举其实是每次都产生大量的落第者的制度。大多数的应试者终其一生都未能实现最终的目标。其中因对体制不满而进行叛乱这样的事情在历史上确实存在，但那些是例外。落第者中的多数尽管怀有许多不满，最后也不得不接受自己的选择。如此说来，科举社会建立了让落第者也信服的机制。这样直到清朝，科举超越王朝的交替，持续发挥了传统社会体制再生产的机能。因此，像这样纳入了科举这种传统社会体制再生产系统的社会，近藤先生称之为科举社会。迄至科举废止的 20 世纪初叶，传统社会体制就是这样进行再生产的。

在全书的最后，近藤先生特别再度讨论了第一章述及的科举改革议论和改革的展开，并得出了以下的结论。即了解中国的历史，是理解现代中国的不可欠缺的前提。这个浅显易明的结论，尽管似乎是尽人皆知，但近藤先生却作出了自己的解释。他指出，这是因为，中国自身不断祖述反刍自己的历史，以此来充实自身并完成自我形成。另一方面，即使为了理解过去的中国史，将这种祖述和反刍的蓄积过程摆上分析的案板也是必要的。

在解释这样的原因时，近藤先生大幅度转身，将目光从宋代拉回到近现代，把笔触指向了人们熟悉的鲁迅。他指出，位于 20 世纪前期中国文明批评家最高峰的鲁迅，出身于清末绍兴的读书人周家。周家一族进士辈出的同时，也因为苛酷的科举考试竞争造成了许多人的人格扭曲，出现精神异常，最终导致了作为进士的祖父和应试者的父亲因舞弊受罚而家世没落。鲁迅描绘的孔乙己和阿 Q 正是中国史上士与庶的落魄形象。

宛若黄河九曲，终向大海。近藤先生举出鲁迅为例并未离题。他又将笔锋拉回宋代，通过鲁迅的个案，沟通了宋代科举社会与近现代的联系。他指出，如果要追寻其根源的话，就应该是 11 世纪出现的新的士庶关系。科举社会正是鲁迅问题意识的根柢。此外，毛泽东领导的中国革命，为什么执着地持续主张反官僚主义，为什么 1949 年以后知识分子曾遭受冷遇和受到弹压？这也是抛开对于庶的反面——读书人（士）的多年积怨所不能理解的吧。礼不下庶人，刑不上大夫，改变了原本的意思，作为露骨地表达士庶社会的用语，迄至清末一直存活着。洗练到了极致的礼与法的社会结构，重层多样与整齐画一同在，秩序与混沌并存。近藤先生最后说，希望对于这样的中国历史的理解有所裨益，是他的这部书的最终目的所在。

"功夫在诗外"，透过近藤先生对具体内容的叙述，有心的读者实在可以得到不少方法论的启示。

四、近藤一成教授与日本的中国史研究

日本的宋史研究甚至是中国史研究，从学术风格与研究倾向上看，在 20 世纪，大体经历了一个从宏观到微观的转化。比如从内藤湖南提出"唐宋变革论"这样对中国史的整体观察，到宫崎市定丰富和发展了这一学说，可以视为宏观考察。不过，包括宫崎市定在内，还有周藤吉之、中嶋敏、佐伯富，以及梅原郁等学者，已开始向微观转化，专注于制度的考证与复原。正如"唐宋变革论"对于海内外的中国史学界影响极大一样，20 世纪日本学者在制度史

方面的研究，也极显功力，值得报以深深的敬意。正是由于这样的研究，为此后的中国史研究打下了坚实的基础，创造了发展的前提。

近藤一成先生正是在这样的氛围下，接受这样的训练而成长起来的。因此，近藤一成先生的史料解读功底坚实，堪称其同辈学者中的佼佼者。制度史的训练，构成了近藤一成先生的研究根基。可贵的是，近藤一成先生虽承制度史研究之余绪，但并未墨守一家，而是作为一种优势，在宏观的大视野下，得到了格外的发挥。日本中国史研究的学风转向，近藤一成先生可以说是其中的代表之一。宏观—微观—宏观，这样的模式归纳，并不是简单的循环重复。在我看来，内藤湖南时代提出的"唐宋变革论"，基本上属于建立在部分实证基础上的推论，所以会有后来为数甚夥的论证。而在经历了细密微观的制度史研究之后的宏观，则是基础坚实的构筑。准确地说，这样的风格应当称之为宏微相济。

恩格斯说但丁是"中世纪的最后一位诗人，同时又是新时代的最初一位诗人"。我想借用这句话来形容近藤一成先生。在处于学风转变中的日本中国史研究领域，近藤一成先生似乎可以这样形容。现在，在学界活跃的，已经多为近藤一成先生的学生一辈的学者。他们当中，很少有专注于制度史研究的。这大概是由于，他们在客观上缺乏严格的制度史研究的训练，难以为之，因为引导他们的老师一辈，已经显现出摆脱制度史研究的倾向。这种倾向，无疑遗传给了下一代学者。从主观上看，得益并享用前辈学者制度史研究成果的新一代学者，已不满足于章句考证似的饾饤之学，渴望更有高度的创新。一般来说，年轻人易于接受新事物，接受新方法，接近新学风。但出生于战后1946年的近藤一成先生，今年已经63岁，却成为日本中国史研究领域学风转变的领军人物之一，实属难能可贵。我认为这与近藤一成先生的知识结构有极大关系。近藤一成先生的英文，在他那一代日本学者中，是少有的好。这便使他可以直接关注到欧美中国史研究的最新动态，并可以分析和利用其研究成果，在学术方法上接受启发。

平心而论，日本的中国史研究学者并不十分重视欧美的中国史研究，甚至在史料解读方面还带有些许藐视，所以在《剑桥中国史》已有了几种中文译本的今天，重视信息情报的日本，居然没有日文版出版。近藤一成先生也是少有的重视欧美中国史研究的日本学者之一。90年代，他去英国剑桥大学研究一年，认真归纳，写出了《英国的中国学》长文。此文后来由我译成中文，转贩到国内。

广阔的视野，细密的制度史训练，形成了近藤一成先生的研究特色。这就是宏观着眼，微观入手，以小见大。看似寻常的小人物、小事情、小对象，在近藤一成先生那里，都被加以深刻思考，不仅分析入木三分，而且还由此及彼，将小人物、小事情、小对象置于大背景中，给出大投射，引发大关注。读近藤一成先生的文章，尽管是小题目、小考证，却每每能获得大启发。

无论是欧美学者，还是日本学者，研究中国史，都有中国学者难以企及的长处。那便是，他们的头脑中，首先有欧洲史、美国史、日本史，在他们研究中国史时，这无疑便成为一个难得的参照系。这就像是许倬云先生曾经说过的那样，对于中国学者来说，中国史就是全部；而对于外国学者来说，中国史只是世界史的一部分。以世界史的视野看中国史，自然观察的广度与视角较之仅据中国史的观察大有不同。就如同看地图，不仅是看世界地图，还是站在不同的角度，正着看，反着看，侧着看。立场与角度，同方法相连。而思维方式，又与接受的理论与训练而形成的知识结构有关。

作为日本学者的近藤一成先生，他既有毫不逊于中国学者的史料解读功底，又有独特视角，并且还吸收有欧美学者的理论与思辩之长，这使他能够在学术上高屋建瓴，承前启后。这给我们的启示是，对于中国学者来说，具有世界史的视野是何等的重要。就是说，中国史研究者从视野到实际研究都应对空间畛域有所突破。

似乎与当代科学的分科细密相应，在中国史研究领域，断代研究如同过去专守一经，各画畛域，井水不犯河水，不越雷池一步。这无异于自我设限，画地为牢。在日本学者那里，尽管在研究范围上也有大致的断代划分，但并不十分严密。从 90 年代以来，在我经常参加的一年一度的宋代史研究会上，经常可以看到研究唐史或研究明清史学者的身影。不仅是研究者个人拥有跨领域汲取启发的愿望，学会的组织者也有混同疆域的努力。比如，宋代史研究会就曾分别与隋唐史研究会、明清史研究会合办了年会。打破断代疆域，力求在时间畛域上的超越。

在扩展研究时空方面，日本学者大都不会自设文史之限。许多研究宋代文学的学者也会参加宋代史研究会。可谓是文史不分家。这样的时空视野，既反映了日本多数学者的求知渴望，也得益于研究组织者的引导。在今年 8 月，近藤一成先生主持的第 35 届日本宋代史研究会闭幕式上，就将明年日本宋代史研究会的会址破天荒地选择在了中国台湾。将来研究会还会移师中国大陆、韩国、欧美亦未可知。

以宋史研究而知名的近藤一成先生，由于视野广阔，不专守一经，为多数研究者所能接受。所以，他不仅连续两届担任日本宋代史研究会的世话人（相当于会长的负责人），还担任过相当于中国史学会会长的日本历史科学协议会的议长。

近藤一成先生不但时空视野广阔，还对研究前沿保持着敏锐关注。从20世纪末开始，电子技术的进步，给研究环境带来了革命性的变化。他在今年9月主持的一次制度史研究座谈会上指出："进入21世纪后，研究环境发生了巨大变化。特别是伴随着中国古代典籍的电子化，将能够查询参考的史料戏剧性地推向扩大，大大改变了工具书的概念。在二十年前，学生将《四库全书》取代辞典放在书包里携带的事，是谁都不曾想象过的。在读书会上遇到疑难之处，通过电子文献查找语汇用例，已成为常识。这样的时代已经来临。"

的确，面对新的研究环境，历来提倡的皓首穷经，令人欣羡的博闻强记，已经在很大程度上失去了意义。研究上的突破，需要在方法与思辩上找出路。关于这一点，近藤一成先生就制度史研究，在一篇书评中写道："对制度，不能仅仅停留在静态平面的复原，应当深入到历史发展的脉络中，探索制度产生的过程与必然性，并进一步对当时社会中制度的实际机能进行动态的研究"（梅原郁《宋代司法制度研究》的书评，2008年）。从静态的复原走向动态的研究，不仅是研究方式的转变，更可以说是认识论上的一个革命。

在上述的制度史研究座谈会上，近藤一成先生还讲到了年轻一代学者的研究动向："现在，年轻一代研究者的研究正在进入这样的阶段，即不仅仅依赖既有的文献史料，而是运用社会史研究的手段，通过社会调查或现地收集史料这样的田野研究方式，构筑独自的史料群来展开历史研究。"包括对近藤先生的学生都很熟悉的我，立刻便知道，近藤先生讲到的年轻一代研究者，指的正是他的学生近年所呈现出的研究倾向。近藤先生的学生也上过我的课，我清楚在近藤先生的训练下他们的史料解读功底在同辈之中处于佼佼者的程度。他的学生们呈现的新的研究态势实在让我欣喜。欣喜的原因来自我对年轻一代研究者感到的普遍失望。

在知识结构上，无论是中国学者，还是日本学者，年轻的一代普遍缺乏基础训练，研究面过于狭窄。大多只守着硕士或博士论文一点。一点之外，由于缺乏关心，甚至导致了常识性知识的不足，从而造成了知识结构的缺陷。所以在那次早大的制度史研究座谈会之后，我在一次研讨会上，接着近藤先生上述的话说："进入21世纪，伴随着科技进步，研究环境发生了革命性的变化。特别是电子版的产生，改变了工具书的概念，把博闻强记留给了计算机，我们不必花功夫去皓首穷经，数据性的考证也不再是学问。这一新局面，为我们提出了新课题。一是呼唤基本功的训练。对古汉语阅读能力的要求，对传统的目录学、版本学、校勘学的复活。二是呼唤新方法、新思维。计算机代替不了人脑。柯林伍德说过，一切历史都是思想史。思想永远是历史学的灵魂。没有思想的历史学，便是王安石讥讽过的'断烂朝报'。"

在近藤一成先生的引导下，他的学生们的研究态势，让我消除了一些失望。薪火相传，在不远的将来，这些新锐的研究者或许会成为代表日本中国史研究的新一代领军人物。我期待着，也感谢近藤先生的育才贡献。

（2010 年 1 月）

仁者寿

晚秋，一个晴朗的周日。银杏金黄，枫树火红。天高云淡，气爽神怡。

在这样一个日子，前去参加千叶馼先生的米寿祝贺会。同为汉字文化圈的日本，与中国有着相同的汉字文化，"八十八"竖写合在一起类"米"字，故称"米寿"。在日本，达到高寿的88岁米寿，往往会隆重纪念。

祝寿会在调布举行，这里距离千叶先生工作过的学校不远。千叶先生曾长期担任日本音乐学校的名门桐朋学园的理事长。这个学校曾走出过世界闻名的指挥家小泽征尔。

我认识千叶先生则与音乐无关。早在赴日之前，便与千叶先生相识，是在1985年的杭州宋史国际学术研讨会上。屈指算来，相识已近三十年。千叶先生不仅是一个学校的管理者，还是一位学者，以研究宋代的后妃而知名。对宋代涉及政治的后妃，千叶先生几乎都有研究论文发表。正因为如此，我才有缘在宋史的研讨会上与千叶先生相遇相识。

赴日之后，一直跟父执辈的千叶先生保持着密切的交往。刚刚赴日时的接风宴请，而后曾被邀请在他的大学演讲，还为他接待的

作者与千叶煐合影

中国戏剧家访日团做过翻译。在闲暇之时，千叶先生还带我一起去新桥演剧场欣赏过正宗的歌舞伎。这些上世纪 90 年代的往事，历历在目，宛若昨日。

除此之外，跟千叶先生更多的是学术往来。他是以 97 岁高寿故去的中嶋敏先生的大弟子。我们曾经长期在一起一月数次译注《宋史·选举志》，还有一度参加千叶先生主持编纂《宋会要辑稿·职官》索引。那段时间，常常是周日在桐朋学园安静的校园中十来人一起作业。每次工作结束后，都例行到附近的中国菜馆聚饮。

千叶先生对中国学者很热情，很多访日的宋史研究学者他都招待过。自然，那时我必然也是叨陪末座。

我跟千叶先生在杭州相识，最后一次一起参加学术会议也是在杭州。那是参加2008年的首届南宋史国际研讨会。

此后，由于夫人去世，两个女儿又住得较远，千叶先生便开始了一个人的生活，也很少参与学术活动了。我因为兼课的学校途经千叶先生住处不远的调布，便在课后归途，时常与另一位老先生一起，约千叶先生在调布的中国菜馆小酌。不过，这样的愉快时光并没有持续多久，一年半以前，在一次跌伤之后，生活不便的千叶先生就住进了老人院。

时隔近两年，在今天的祝寿会上，我又见到了千叶先生。

在热烈的掌声中，千叶先生牵着重孙女的手步入会场。

祝寿会在一家酒店的宴会场举行，有一百多人参加，多是跟学园有关的教师和千叶先生教过的学生，银发满场，多是垂垂老者。

我被安排与千叶先生同桌。因而也就有了较多与千叶先生交谈的机会。较之两年前，千叶先生明显见老，但精神还好。最后，千叶先生以演歌代替致词，声音浑厚依然。

学园的负责人在致词中介绍了千叶先生在长达近四十年的工作中，记下了大量的工作笔记，内容包括会议、会谈、协商、指示、报告、电话记录等诸多方面，多数为对话体。这些"千叶笔记"，记录于16开50页的笔记本上，多达180多册，摆在书架上是满满的两层，蔚为大观。现在，"千叶笔记"已被学园作为重要史料保存了起来。

千叶先生在十五年前的一篇随笔中谈到了这些笔记："过去的中国，有记录皇帝每天言动的起居注，是一种政治的参考。我的

'千叶笔记'尽管是凡人的起居注，对理解现在和过去的事情也能起到很大的作用。并且偶尔翻阅业已故去的前辈和同事的发言，也能唤起往昔的怀念。"

据千叶先生讲，"千叶笔记"缘起于三十多年前的一次工作失误，为了接受教训，他开始做笔记，年复一年，便积累了下来。这些话，看似轻松，几十年如一日，是需要有相当大的毅力的。

千叶先生写字，古拙工整，一丝不苟，不事张扬，诚如其为人。听着介绍，回想着近三十年的交往，不禁心有所动，一个人的一生无论长短，老老实实做人，认认真真做事，踏踏实实做学问，就是充实的人生。闻达显赫也好，默默无闻也罢，都会问心而无愧。

会上，他的两个女儿展示了送给与会者的用类似蜡染蓝布印制的千叶先生手迹条幅，只有寥寥三个词：开朗、坚强、温情（あかるく、強く、あたたかく）。千叶先生把这三个形容词都动词化了，意即要这样做。开朗如秋日的蓝天，无一丝阴郁，让阳光感染世界；坚强如严冬的松柏，霜雪难摧，不屈不挠；温情如春日的和风，暖意如沐。不知是书写的校训，还是自己的座右铭。不过，这简洁而寓意深厚的三个词，当可概见千叶先生的人格。

与千叶先生同桌，看着不断有人前来祝贺、问候的温馨场面，一百多位亲朋好友济济一堂，蓦然感悟，人生至此，可谓幸福矣。

千叶先生不算默默无闻，却也未惊天动地，也无风雨也无晴，一生平静地走着，尽心尽力。米寿八十八，"仁者寿"，斯之谓也。

（2013 年 11 月 7 日）

心香一瓣
——祭原岛

原岛先生走了，静静而匆匆地走了。

原岛先生患的是癌症，并且是晚期，无法做手术。尽管如此，当一天夜里，原岛夫人来电话，告诉我原岛先生已于三天前离去的噩耗时，仍使我感到震惊，一时无言无措。怎么可能呢？一个月前我们还在一起开会，讨论研究班的研究课题，而后又一起聚饮；几天前，我还收到过原岛先生亲笔改定的研究日程表。至今，我不能、也不愿相信这一严酷的事实。即使现在原岛先生在校园里出现，我也绝不会感到奇怪。曾是活生生的存在呀。

我总认为，大千世界，人海茫茫，人与人的相识、相交都是一种缘分。不然，为什么偏偏会与这个人相交，而不会与那个人相识呢？如此想来，我与原岛先生的相识相交，就是缘分。

原岛先生叫原岛春雄，是学习院大学的教授。七年前，我作为访问学者来日，到学校的第一天，便遇见了原岛先生。因为当时他是我所参加的研究班的负责人，所以，我们便开始了较多的交往。

最初同原岛先生接触，令我惊叹的是他那一口流利的汉语。后

1995 年与原岛春雄先生考察渤海国

来，听日本著名的宋史研究专家柳田节子先生说起，原岛先生的汉语在日本算是数一数二的。来日之初，同原岛先生的谈话，几乎全用汉语。无论多么专门的话题，也没有听不懂的。在学习院持续了三十年之久的《越缦堂日记》读书会，这几年一直由原岛先生主读。这部全部是手写的清人李慈铭的日记，即使是中国人读起来也很吃力，但原岛先生竟能直接用日语流利地译出。中国学者来日作演讲，原岛先生常被请去做翻译。演讲者即使口音很重，他也能流利地翻译过去。有一次广东社会科学院历史研究所叶显恩先生在东洋文库演讲，原岛先生翻译。叶先生的口音极浓，原岛先生开始时也不大适应，但几分钟之后就毫无问题了。

原岛先生的父兄都做过东大的教授，可谓是教授世家。他则毕业于京都大学，是著名的东洋史学者岛田虔次的高足。他的专攻，很难用一句话来概括。早期研究过鲁迅，研究过中国近代史，后来又转向明清史。近年来，又埋头于古文字学以及民族史。

由于原岛先生研究的范围大，而我又兴趣广，所以一对"杂家"到了一起，总有聊不完的话题。从古代吴越的历史，谈到日本民族的由来。从夏文化消失之谜，谈到远古民族的迁徙。时语龚自珍的《己亥杂诗》，偶论陈寅恪的《柳如是别传》。中国的历史掌故，学术界逸事，先生娓娓道来，如数家珍。

原岛先生读书很多，记忆力也好。记得有一次论及中国人的民族性，我用了"一盘散沙"这个成语，原岛先生立刻说，这是孙中山先生最先说的。说着就从书架上抽出《孙中山全集》，翻到了那篇文章。原岛先生对中国文化的领悟与洞察也是相当深刻的。有一次我对比日本文化笼统地说起中日两国人的好坏时，原岛先生说了这样一句话："日本人好的也不像中国人那么好，坏的也不像中国人那么坏。"一语既出，犹如一声断喝，令我后背浸出一层冷汗。然而细细思忖，是啊，讲究"和"的大和民族，尽管个性不甚鲜明，但的确不像国人那么爱走极端。

其实，原岛先生并不是个话多的人。同他在一起，更多的是体味一种"静"。六七年来，常常是我们两人在他那四壁皆书的研究室，沙发对坐，一把中国茶壶，一壶中国绿茶，海阔天空，古往今来。有时，两个人五分钟、十分钟也不说一句话，但那也是交流，犹若参禅，是一种彼此间心的交流。

不知是不是自认为是古代吴越人后裔的缘故，我接触的日本学者中，有不少人都对绍兴有着特殊的兴趣。前面所说的《越缦堂日记》读书会，不仅是对晚清士大夫的个案研究，也是对绍兴风土人情的赏味。原岛先生早期研究过中国近代史，或许还与绍兴这块土地上曾出过秋瑾、鲁迅有关吧。

原岛先生是属于性格平静的人。他不大参加各种学会，因而或许在日本学界知之者不很多。但他与中国学者，特别是治近代史和思想史的学者，有着颇为密切的关系。如胡绳、李泽厚、汤志钧、陈旭麓、刘大年、章开沅等。原岛先生早年曾在广州中山大学任教五六年，有许多中国学者就是在那时认识的。

原岛先生尽管满腹经纶，对中国文化有着相当透彻的见解，但著述并不多。他不大轻易动笔写东西。然而写出的论著，都经过深思熟虑，有一定的分量。往往聊天时常常谈起的话题，就是他正在考虑的问题。比如，几年前，他问起我满族堂子祭的事情，还托我请教国内的清史学者。过了一段时间，他就发表了关于堂子祭的论文。前一段时间，我们的话题转到了四川三星堆的发现和巴蜀文化上，最近我在一个学术杂志的目录上，就看到了原岛先生撰写的《蚕丛考》。

原岛先生严谨的学术作风，在潜移默化之中对我也产生了相当大的影响。在国内时，也许是学术名利心的驱使，写了不少今天看来不甚满意的论文。现在我则轻易不敢下笔。我很欣赏原岛先生那种不追名逐利的淡泊，和像品茗酌酒般品味学问的悠然。

原岛先生为人也谦和，彬彬有礼。他不喜欢人称他"先生"。皇太子曾是他的学生，因而天皇（当时的皇太子）同他谈话时，称他为"先生"，他总是说，叫"さん"就可以了（犹若汉语称"小王"或"老张")。原岛先生从不愿打搅别人，给别人添麻烦。去世前，他嘱咐家人，去世后，不公开举行葬仪，晚些通知大家。原岛先生不大像现代知识人，倒有几分像得古仁人之风的中国士大夫。

去年夏天，原岛先生不断低烧，检查出了癌症，入院治疗。住院期间，小小的病房，就成了他的研究室。他带去了许多书，还把书店的人叫到医院订书、选书。一台笔记本电脑也带到了病房。我去看望几次，总是让我帮他找有关书籍资料。他同我说，我余命还有两年，有许多计划，想翻译沈从文的作品，想翻译费孝通的著作，想写晚明时代的士大夫。惜乎哉，遽然离去，其志未竟！由原岛先生我想到了国学大师黄侃。黄侃先生立誓五十岁以前不著书立说，但五十甫过便逝去了，世人惜其学问。原岛先生亦刚过知天命之年。令人痛惜日本学术界失去一位优秀的学者，中国文化少了一位知音。

世间常常有许多憾事。几年前，有一次去原岛先生的研究室，他兴冲冲地告诉我，他最近买到了我的几册书。我那十年前出的书，本想送给他，但一想研究领域不同，先生未见得感兴趣，就没送。没想到先生竟破费逾万日元，自己买了。这件事让我后悔了好久。这次原岛先生病重，我本来有些工作上的事情要请示，但总怕打扰先生，就一直没去。竟至没能见上最后一面。这又让我遗憾一生！

睹物思人。望着文学部大楼那无数次促膝而谈的原岛研究室的窗子，望着目白站前那无数次浅斟长饮的中华料理店，不禁悲从中来。古人钟子期逝去，俞伯牙摔琴以谢知音。如今，吾之子期已逝，"知音少，弦断有谁听"？

（1997 年 10 月）

【附记】令人欣喜的是，原岛先生的散篇论文，经其大学同学印藤和宽与桥本恭子的热心整理编辑，定名为《近代中国断章》，已于 2019 年由美巧社出版。先生著作的出版，了却了我长期压在内心的一个心愿。

"未捷身先死"
——痛悼藤家先生

今早打开信箱，立刻被一个噩耗震惊：著名中国历史学者藤家礼之助先生于11月13日清晨因进行性食道癌遽然与世长辞！

前两个月还和藤家先生一起开会。那时，看起来清瘦的藤家先生精神很好。会后闲聊，我问先生，现在每星期还打网球吗？82岁的藤家先生笑着回答，还在打，不过由于行动迟缓了，对手都是女性。

当时对话的音容笑貌，犹在眼前。

像是身边的家人，对过从亲密的藤家先生，从来就未曾想过，他会离开我们远行。

我跟藤家礼之助先生认识已经长达十多年。藤家先生以研究魏晋南北朝史而闻名，我则以研习宋史为主，是缘何与藤家先生相识的呢？

跟藤家先生相识，是缘于共同编纂东亚历史教科书。十多年前，日本的一些右翼学者编辑出版了一本中学生用的《新历史教科书》。其中对历史多有歪曲之处，曾在中国、韩国和日本国内引起强烈反弹。在这样的背景下，曾经主编过《亚洲历史》(南云堂，

1992年）的藤家先生，出于高度的历史责任感与道德良知，决定和同仁集体编纂一部东亚共同历史教科书，将历史客观准确地传达给下一代。以中日韩三国为主，藤家先生联系了在各个大学任教的历史学者，我也忝列其中。

编纂从90年代中期开始，最初每月一次例会，细致讨论各章纲目。在进入具体执笔阶段后，也是几个月一次例会。十多年来，已经召开了近80次例会。每次会议都有录音和记录。有人半开玩笑地说，这些讨论记录，甚至比教科书本身都具有宝贵的资料价值。

参与的学者研究方向多有不同，除了中国史，还有日本史、朝鲜史方面的学者，并且研究的时代也各异。藤家先生把十多位学者聚拢起来，求同存异，进行了愉快的合作。

藤家先生在魏晋南北朝史领域成果斐然。不过他并未仅仅局限于魏晋南北朝史研究，上下几千年，古今东西，视野开阔，涉猎颇广。早在1977年，他就撰写出版了《日中交流两千年》（东海大学出版会）。此书后来在1982年被译成中文，由北京大学出版社出版。

藤家先生与中国学者交往颇多，尤其与周一良先生曾有着很密切的来往。他把周一良先生的自传《毕竟是书生》翻译成日文，1995年在他曾任教的东海大学的出版会刊行。

打开因特网，检视藤家先生的著作，除了前面提及的诸书，赫然入目的，还有他的代表作《汉三国两晋南朝的田制与税制》（东海大学出版会，1989年）。此外尚有《日朝交流史》（东海大学出版会，1988年）等。1995年，藤家先生还在南云堂出版了一本有意思的书，题为《美人之死：中国妖艳传》。我想，渐热的中国女性史研究，当不会忽视此书的。

藤家先生的单篇论文就更多了。去年还获赠先生签名的写在《东海史学》的卷头语抽印本。

藤家先生是一位有着中国古代士大夫遗风的谦谦君子，偶尔的聚饮，都可饱享先生温文尔雅的笑谈。想想有些悲戚，临近年末，在今年的忘年会上，"遍插茱萸少一人"，再也无法与先生把酒笑谈了。岩波书店会议室里的教科书会议，再也没有先生主持的身影了。

人生不满百，知交半零落。在我参与的研究课题中，东亚共同历史教科书的编纂将成为终生的记忆。十多年间，先后已有菅原一彪先生、并木赖寿先生离开了，这次藤家先生又走了。杜甫吟咏诸葛亮的"出师未捷身先死，长使英雄泪满襟"，正可以拿来形容藤家先生。他晚年为之竭尽全力的，就是我们十多年间编纂的东亚共同历史教科书了。现在出版在即，先生却遽然远去了。悲夫！吾非英雄，泪亦满襟。

"后死诸君多努力，捷报飞来化纸钱。"我想，这也正是藤家先生的期待。会的，我们会努力，有着藤家先生写出前言与后记的东亚共同历史教科书，不久就会呈献在先生的灵前，告慰先生。当客观准确的历史"润物细无声"般地传播给无数孩子们时，相信天国中的藤家先生会晃动着满头银发，发出爽朗的笑声。

（2010 年 11 月 14 日）

此情可待成追忆

——追忆日本宋史学者中嶋敏先生

一、师从问学

2007 年 6 月 24 日，一个普通的星期日，一个电话传来了日本最年长的宋史学者中嶋敏先生在几个小时前病逝的噩耗。97 岁仙逝，按说已享天年，已全天寿，但噩耗传来，仍然感到突然。对我来说，一直非常健朗的中嶋先生，似乎是一个永远的存在，一个与死神没有关联的存在。现在，先生依然是一个永远的存在。存在于我以及他的众多弟子的心中，存在于他的学术业绩中。

在我接触的学术前辈中，与中嶋先生过从最久。至今还清晰地记得与中嶋先生第一次见面的情景。那是我到日本几个月后的 1991 年春天，早稻田大学的近藤一成先生介绍我参加东洋文库的中嶋先生主持的《宋史·选举志》译注研究会。那天近藤先生不巧有事不能去，是委托东京大学的小岛毅先生陪我去的东洋文库。一进会议室，就将中嶋先生和研究会的全体人员逐一介绍给了我。矮胖的敦实的中嶋先生笑容可掬，但说话显得很有威严。从这一天起，就开始了我同中嶋先生以及东洋文库宋史研究室同行们长达十多年的交往。

我参加《宋史·选举志》译注研究会之时，这个1962年就成立的研究会已经有了近三十年的历史。以前，只是分担阅读原文，搜集相关史料，做资料长编。在我加入进去时，中嶋先生已决定将长期积累的译注稿整理出来，正式出版。因此几乎每个星期六的下午都开研究会，由各个分担者逐条提出，一起讨论。平时听不到中嶋先生讲中文，但在讨论时，他偶尔会用中文读出有争论的语词，并问我："王先生，这是什么意思？"中嶋先生的中文发音平缓而标准。每次研究会之后，大家都会一起去日式的小酒馆喝酒。中嶋先生喜欢喝日本清酒。那时，也能偶尔听到中嶋先生说上一两句中文。研究会有时也在东洋文库以外的场所举行。记得有一次在一个日式房间开会，里面放的是矮小的地桌，一人一个坐垫，席地坐在草席上。中嶋先生怕我不习惯像日本人那样盘腿而坐，便把五六个坐垫放在一起，像板凳一样让我坐在上面。

　　尽管有着长期的资料积累，在正式成文时，中嶋先生还是十分认真，一起开会，逐条讨论推敲，因而进度很慢，有时一个下午只能讨论一两条。一条译注往往要讨论三四次才能定稿。我曾开玩笑地对一个台湾学者说，我们的研究会是不讲效率的研究会。这位学者觉得我的说法很有趣，居然在其部落格（博客）上就以"不讲效率的研究会"为题，来介绍我们的研究会。其实，中嶋先生的研究会的风格，从来不是为赶稿子做译注而进行的。研究会更像一个读书班。《宋史·选举志》只不过是一本共同使用的教科书，以讨论的条目为中心，进行广泛的延伸。研究会几乎对《宋史·选举志》的每一条都找到了相关的资料，甚至都可以达到编年的程度。没有交稿期限，没有功利驱使，译注的成书不过是水到渠成。而讨论的过程其实就是最好的学习过程。译注的原文与相关史料就像一根被充分咀嚼的甘蔗，其糖分已被研究会的参与者充分吸收。三十年来，这样的研究会培养出不少优秀的学者。在日本，像这样的研究会很多。日本学者谦逊地说，我们一个人读不懂，只好发挥集体的智慧。在参加研究会之初，我常常感慨国内缺少像这样的研究会，缺少对学生这样的学术训练。

在研究会上，原文与史料都是采用日本传统的训读方式来读，译注也采用这种犹如文言文的旧式日文。这是一种用日语语法结构来阅读古汉语的方法。对于以汉语为母语的人来说，如果没有充分理解古汉语原意，是不可能断句的，而日本的这种阅读方式，尽管并未充分理解，但根据上下文和一些关联词语，就可以做出大致的训读。刚开始我以为他们也像中国人那样先理解后断句，后来发现他们是训读后理解，就觉得非常奇妙，引发了我学习训读的兴趣。日本的学校从中学开始就有汉文这样的古代汉语课程。在日本，汉文能力最能体现一个东洋史学者的基本功。论著中引用的史料都要改写为训读方式。通过训读方式的史料，可以知道引用者的理解正确与否，但现在年轻一辈的日本学者汉文能力普遍降低了，有些人只能在文中直接引用古汉语原文。这种状况引起了老一辈学者的忧虑。中嶋先生的汉文能力很强，基本上有争议的问题，到他那里就可以一锤定音。去年逝去的日本著名宋史学者柳田节子先生曾在《中嶋先生与我》一文中引述和田清先生的评价："在东洋史的学者中，最为精通汉文的就是中嶋君。"（见中嶋敏编著《足迹抄》，第

113页）十多年来，除了在学风和研究方法上的耳濡目染之外，一直在研究会上跟中嶋先生以及其他学者学习训读。从我参加研究会之后，中嶋先生主编的《〈宋史·选举志〉译注》分为三册，到2000年3月为止，陆续出版。第1册我只是以客串的身份提出意见，第2、3册则具体分担了译注条目。在发表或发言时，稍有独到的见解，总会得到中嶋先生的鼓励。

在完成《〈宋史·选举志〉译注》之后，讨论接下来做什么项目时，在我的提议下，开始了《朝野类要》的译注。我之所以选择《朝野类要》这部宋人笔记，一方面是因为有关科举的内容比较多，在当年《宋史·选举志》译注研究会发轫不久，便将《朝野类要》的《丛书集成初编》本作为基本参考资料以晒蓝的方式复印，人手一册，研究会的成员对《朝野类要》的内容比较熟悉，译注等于是《〈宋史·选举志〉译注》的延续。另一方面，当时潜藏于内心没有明言的理由则是，《朝野类要》的篇幅不大，两三年之内大约可以完成，这样已年逾90的中嶋先生在有生之年可以见到译注的完成。然而，《朝野类要》的译注，也继承了《宋史·选举志》译注研究会的悠闲风格，足足进行了七年，一直到中嶋先生去世的那一周才最后完成并刊印出来。遗憾的是中嶋先生没能见到。

在2000年以后，中嶋先生尽管依然健康，但由于腿脚行动不便，便很少外出参加研究会了，因而几乎没有参与《朝野类要》的译注，而将全力倾注在完成《〈宋史·食货志〉译注》的课题上。《〈宋史·食货志〉译注》是接续已出版的和田清先生主编的第1册进行的。这项工作在译注《宋史·选举志》的同时，就已经在中嶋先生的主持下重新开始了。为了方便中嶋先生的参加，《宋史·食货志》译注研究会的会场改在了中嶋先生家的附近。我因为主要参加《朝野类要》译注的活动，就没有参与《宋史·食货志》的译注。这样，与中嶋先生见面的机会就少了。

因为很久没有见到中嶋先生，有一天就跟东洋文库宋史研究室的实际负责人渡边纮良先生说想见见中嶋先生。我的这个提议促成了一次聚会。不久，在中嶋先生家附近的一家餐馆，中嶋先生的弟子三十余人济济一堂，为先生举办了 95 岁生日的祝贺会。时为 2005 年 1 月 23 日。这是我最后一次见到中嶋先生。

去年，因为一个人生活不便，中嶋先生住进了老人院。尽管行动不便，但直到去世，中嶋先生的头脑都非常清楚。住进老人院的中嶋先生依然对学问保持着关心，由于已经不方便手持书本，就让人找来一些有关东方文化的录影带来观看。自从中嶋先生住进老人院后，一直与朋友相约，想去看望，但教务等琐事缠身，最终也没能成行。自然，也是没有想到一直健康的先生会遽然仙逝。"此情可待成追忆"，铸成了永远的遗憾。十多年的教诲问学，十多年的对酒欢言，都化作恍如昨日的鲜活记忆。

二、杏坛人生

中嶋敏先生 1910 年 1 月 9 日出生于日本石川县松任市的一个教师家庭。母亲出身汉学世家，外曾祖父是著名的儒学家直江菱舟。中嶋先生后来走上学术之路，不知是否有着家学的遗传。

1930 年，满二十岁的中嶋先生考入日本的最高学府东京帝国大学（即现在的东京大学）的文学部东洋史学科。三年后毕业，提交的毕业论文是《北宋与西夏的关系》(为了方便排版与国内读者阅读，以下述及中嶋先生的论著标题均译为中文)。同年进入东京帝国大学大学院（即研究生院），研究方向是以西夏问题为中心的北宋对外关系。翌年的1934年，进入东方文化学院东京研究所担任助手，在加藤繁先生的指导下，从事中国中世货币史研究。同时参加加藤先生主持的中国历代正史食货志研究会。加藤先生去世后，研究会由和田清先生主持。和田先生去世后，研究会便一直由中嶋先生主持。1939年，正式成为东方文化学院研究员。1940年，受东方文化学院派遣，赴中国东北、北平、天津、大同、云冈、张家口及朝鲜半岛进行近两个月的学术考察。此后转任文部省所属民族研究所研究员，同时兼任大东文化学院、上智大学讲师。

战后，1946年，担任东京高等师范学校教授。1949年，任东京教育大学文学部助教授，同时兼任东京高等师范学校教授，1956年，兼任东京大学文学部讲师。1957年担任财团法人东洋文库宋史提要编纂协力委员会常务委员。1960年，成为东洋文库研究员，直至去世。1963年，担任东京教育大学文学部教授，1971年任该大学评议员、文学部长。1973年，届满国立大学规定年龄退休，被授予东京教育大学名誉教授称号。同年，担任私立大东文化大学教授，此后兼任该大学东洋研究所所长。1983年，届满私立大学规定年龄退休，退休后，作为兼任讲师，执掌教坛至88岁的1998年。其间，先后于1978年、1980年前往中国上海、长沙、桂林、广州、兰州、敦煌等地旅行考察。在1999年，以89岁高龄，坐着轮椅，经由北京，远赴银川，考察了西夏王陵。学生时代研究起点时的夙愿，在迟暮之年终于得以实现。

中嶋先生一生教书育人，培养了很多的学生。现在活跃在东洋史学界的有名学者，有不少都出自中嶋先生的门下。1998年，在斯波义信先生的主持下，东方学会为中嶋先生举行了一个小型缅怀座谈会（座谈会记录刊载于《东方学》杂志第101辑）。会上，已故的田中正俊先生说道，中嶋先生是一名真正的教师，在学术上对学生循循善诱，严格训练。这种不出名的教育业绩真正体现了中嶋先生的价值所在。

三、学术业绩

中嶋先生的学术业绩，举其荦荦大者，则正如中嶋先生本人在他78岁时出版的《东洋史学论集（宋史研究及其周边）》中所归纳的，大体有三个方面。一、西夏史、西藏民族史研究；二、宋史及宋代史籍研究；三、中国货币史与矿业史研究。我的这个排列，与中嶋先生本人在书中的排列刚好相反，是依照中嶋先生研究的时间顺序排列的。从大学时代研究生涯的开始，中嶋先生的研究方向是西夏史。以后由于在民族研究所工作的缘故，又从事了西藏民族史研究。

一个学者的成长与研究方向的确定，与导师的影响有着相当大的关系。大学毕业后，中嶋先生长期跟随著名的中国经济史大家加藤繁学习，所以在从事上述研究的同时，十分着力于中国货币史的研究。中嶋先生的货币史研究主要集中于宋代前后，所以对宋史与宋代史籍也一并进行了研究。货币史研究是中嶋先生最为看重的毕生研究课题。这从他把中国货币史与矿业史研究的论著排列在《东洋史学论集（宋史研究及其周边）》的最前面也可以看出。日本老一辈学者的中国经济史研究成就享誉中外。加藤繁开辟草莱，和田清接续耕耘，而中嶋先生则在其师长基础上，在中国经济史研究的田野上，独辟蹊径，开创了自己的园地。这就是货币史研究。特别是在金属货币史与金属文化史的领域，中嶋先生尤具开创之功。作为加藤繁的助手，早在 1934 年到 1939 年之间，就在与加藤繁联名的研究报告中独自写下了长达十余万字的《高宗孝宗两朝货币史》。形同专著的这篇论文，其翔实的史料搜集，绵密的结构，精确的计算与令人折服的结论，在今天看来也是独到的不易之作。而关于矿业史的研究，特别是关于湿式收铜法，至今仍是后无来者的独步研究。

中嶋先生的货币史研究看似很窄，但在这个领域里，中嶋先生开拓了广阔的空间。从时代上看，从宋钱一直追及明钱乃至清代的铜政；从地域上看，边远的滇铜与进口的洋铜也被论及。中嶋先生的货币史研究很像苏东坡所说的"八面受敌法"，方方面面，纵横驰骋，涉猎颇广。从关涉宋代财政的新铸钱的上供与财库，到有关钱法聚讼纠纷的苏州钱法之狱。从北宋徽宗朝的大钱、当十钱到夹锡钱。既有关于北宋铜钱重量的考证，也有论及北宋纸币之作。不仅限于宋代，更有对中国货币史上关于钱的禁令的鸟瞰式的考察。中嶋先生这些论著启发和滋育了战后日本不少的中国经济史学者。

中嶋先生对"钱"情有独钟，至少在他的学生中是尽人皆知的。他的学生去中国旅行，在书肆看到有关古钱的书，必定要买回送给先生。在87岁的高龄，中嶋先生还写下了《关于洪咨夔〈大冶赋〉》的论文，并以极为专业的金属文化知识对《大冶赋》作了详细的训读与注释。在年届90之时，以书评的形式，中嶋先生将自己一生着力研究的货币史提升到金属文化史的高度加以认识。其实，中嶋先生就是金属文化史领域的开拓者与耕耘者。

除了自己的研究，中嶋先生在中国经济史研究领域的重大贡献，就是对其师长加藤繁与和田清的研究事业的直接继承，主持历代正史食货志译注。特别是《〈宋史·食货志〉译注》，在和田清的主持下于1960年出版第1册之后，长期中辍。中嶋先生晚年在主持进行《〈宋史·选举志〉译注》的同时，便组织斯波义信、柳田节子等学者重新开始了《〈宋史·食货志〉译注》的作业，直到中嶋先生去世前一年的2006年，终于将《〈宋史·食货志〉译注》的第2册到第6册全部完成出齐。

围绕着《〈宋史·选举志〉译注》和《〈宋史·食货志〉译注》等集体事业，中嶋先生在晚年对宋代科举以及宋金和战等领域也进行了自己的独到研究。其中对残存的宋代进士登科题名录与同年小录，中嶋先生进行了诸种版本的对校，考证其起源，然后着重研究了宗室及第者的情况，并对及第进士的家庭谱系做了研究。比之此前的美国学者注重社会流动与此后日本学者注重进士的集团意识，中嶋先生的研究视角不同，是一种从微观入手的基础性作业，具有不可替代的久远价值。

除了主持基本史籍的译注，中嶋先生还主持编撰了《宋会要辑稿·食货》部分的几种索引。笔者亦曾参与索引编撰，至今恍如昨日。中嶋先生十分注重索引的作用。在 90 年代当《全宋文》出齐 50 册的北宋部分之后，年近 90 的中嶋先生竟一笔一划地编撰了这 50 册的作者索引，复印后发给研究会的全体成员。如今斯人已逝，索引手泽若新。

中嶋先生由于杰出的教育与学术贡献，1982 年被授予勋三等旭日中绶章。

历数着中嶋先生的学术业绩，看着一个个学术杂志，便想到包括后学的我在内，先生的学生们也正在这些同样的杂志上发表着论文。这也是一种学术接力吧。不仅如此，学术生命的遗传也如绵绵的春雨，"随风潜入夜，润物细无声"，潜移默化着后来者。像中嶋先生训练我们一样，这几年来，我也领着研究生们用传统的训读方式阅读译注着宋代文献。开这样的课，尽管是出于在电子版史料检索极为便利的今天更要求具备读解能力的需要，但也不能说不是受中嶋先生的影响而产生的一种偏好。这，就是无形的学术生命的遗传。真正的学者不死，永远活在学术之中。爱好登山的中嶋先生，曾经和他的学生们登上过一百零一座日本的山峰。而先生的天寿与学问，则是登上了另一座高峰。"云山苍苍，江水泱泱，先生之风，山高水长！"

（2008 年 2 月）

图书在版编目(CIP)数据

日知余录:海客谈瀛洲/王瑞来著. —上海:上
海人民出版社,2020
(瀛观)
ISBN 978 - 7 - 208 - 16700 - 1

Ⅰ.①日… Ⅱ.①王… Ⅲ.①文化研究-日本 Ⅳ.
①G131.3

中国版本图书馆 CIP 数据核字(2020)第 182413 号

封面题签 徐 俊
责任编辑 张钰翰
封面设计 陈绿竞等

瀛观

日知余录——海客谈瀛洲

王瑞来 著

出　　版　上海人民出版社
　　　　　(200001　上海福建中路 193 号)
发　　行　上海人民出版社发行中心
印　　刷　江阴金马印刷有限公司
开　　本　889×1194　1/32
印　　张　8.75
插　　页　13
字　　数　183,000
版　　次　2021 年 1 月第 1 版
印　　次　2021 年 1 月第 1 次印刷
ISBN 978 - 7 - 208 - 16700 - 1/G · 2046
定　　价　58.00 元